古抄本群書治要二種

金澤文庫本

群書治要

圖版

二

〔唐〕魏徵 等撰

江曦 校理

潘銘基 解題

本册目録

群書治要卷第十……五八九

群書治要
七
圖書寮
書號 117
冊數 48
函號 特 3

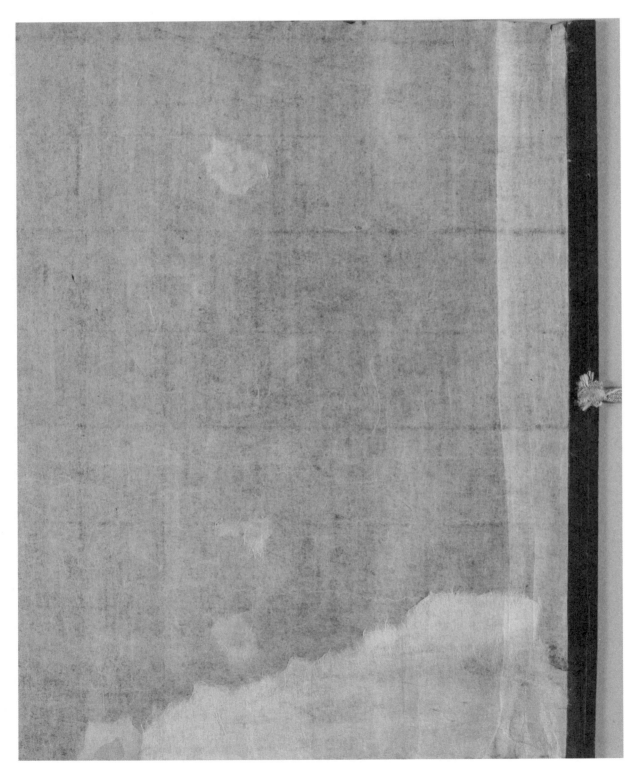

群書治要卷第七　秘書監鉅鹿男臣魏徵等奉　勅撰

禮記

曲禮

曲禮曰毋不敬　礼主於敬　儼若思　言人坐思貌必儼然　安定辭　審言語也　安民哉　此三句可以安民也　傲不可長欲不可從志不滿樂不極　此四者慢遊之道桀紂所以自禍也　賢者狎而敬之　狎習也近也習其所行也　畏而愛之　心服曰畏　愛而知其惡憎而知其善　不可以己心之愛憎誣人以善惡　夫禮

而知其惡憎而知其善不可以己心之愛憎誣人以善惡夫禮
者所以定親疏決嫌疑別同異明是
非也道德仁義非礼不成教訓正俗非礼
不備分爭辯訟非礼不決君臣上下父子兄弟
非礼不定宦學事師非礼不親班朝
治軍涖官行法非礼威嚴不行禱祠
祭祀供給鬼神非礼不誠不莊班次也涖臨也莊敬
也
富貴而好知礼則不驕不淫貧賤而知
好礼則志不懾懾猶怯惑國君春田不圍澤大

【第二紙】

好礼則志不懾（懾猶怯惑）國君春田不圍澤大
夫不掩群士不取麛卵（生乳之時重傷其類）歲凶年
穀不登（登成也）君膳不祭肺馬不食穀馳
道不除祭事不縣大夫不食粱士飲酒
不樂（皆為自損憂民也禮食殺則祭所先不祭肺則不殺／除治也縣樂器鍾磬之屬也）
檀弓
知悼子卒未葬（悼子晉大夫荀盈也）平公飲酒師
曠李調侍鼓鍾杜蕢自外來歷階
而升堂酌曰曠飲斯又酌（曰調飲斯又酌）堂上北面

而外嘗爵曰曠飲斯又爵嘗上北面
坐飲之降趨而出 三爵皆罰爵 平公呼而進之曰
蕢尒飲曠何也曰子卯不樂 紂以甲子死桀以乙卯亡王者謂之
疾日不以舉樂所以自戒懼也 知悼子喪在堂未葬斯其
為子卯也大矣 言大夫喪重於疾日 曠也太師不
以詔是以飲之 詔告也太師典司奏樂也 尒飲調何也曰
調也君之褻臣也為一飲一食忘君之疾
是以飲之 言調貪酒食也褻嬖近也臣亦當規君之疾憂也 尒飲何也曰
尒飲何曰蕢也宰夫也非刀匕是供又敢

【第三紙】

尒歠何曰蕢也宰夫也非刀匕是供又敢與知防是以飲也（防禁放溢者也）平公曰寡人亦有過焉酌而飲寡人（聞義則服）杜蕢洗爵而揚觶（舉爵於君）公謂侍者曰如我死則必無廢斯爵（欲後世以為戒）至于今既畢獻斯揚觶謂之杜舉（此爵遂因杜蕢為名畢獻獻賓与君也）孔子過太山側有婦人哭於墓者而哀夫子式而聽之（怪其哀也）使子貢問之曰昔吾舅死於虎吾夫又死焉今吾子又死焉

舅死於虎，吾夫又死焉，今吾子又死焉。夫之父曰舅 夫子曰：何為不去？曰：無苛政。夫子曰：小子識之，苛政猛於虎也。宋陽門之介夫死，揚門宋國門也。介甲冑衛士。司城子罕入而哭之哀。子罕樂喜也。晉人之乱宋者反報於晉侯曰：陽門之介夫死而子罕哭之哀，而民悅，殆不不可伐也。乱闚視也。孔子聞之曰：善哉乱國乎。善其知微。

王制

王制

凡官民材必先論之（論謂考其德行道藝也）論辨然後使之（辨謂考問得其定也）任事然後爵之（爵謂正其秩次）位定然後祿之爵人於朝與士共之刑人於市與衆弃之（必共之者所以審慎之）獺祭魚然後虞人入澤梁豺祭獸然後田獵鳩化為鷹然後設罻羅草木零落然後入山林昆蟲未蟄不以火田（取物必須順時候也昆蟲者得陽而生得陰而藏也）國無國無九年之蓄曰不足无六年之蓄曰

【第四紙】

國無九年之蓄曰不足无六年之蓄曰急無三年之蓄曰國非其國也三年耕必有一年之食（九年耕必有三年之食）以卅年之通雖有凶旱水溢民無菜色然後天子食日舉以樂

民無食菜之飢色天子乃日舉樂以食也

月令

孟春之月立春之日天子親率三公九卿諸侯大夫以迎春於東郊命相布德和令行慶施惠下及兆民

相謂三公相王之事者也德謂善教也

令行慶施惠下及兆民　相謂三公相王之事者也德謂善
教也令謂時禁也慶謂休其善也惠謂恤其不足之乏也　是月也天子乃以
元日祈穀于上帝　謂以上辛郊祭天也郊祀后稷以祈
農事也上帝太微之帝也　乃擇元辰天子親師三
公九卿諸侯大夫躬耕帝藉　元辰蓋郊後吉亥
辰也帝藉爲天神借民力所治之田也　禁止伐木　盛德所在　毋覆
巢毋殺孩蟲胎夭飛鳥毋麛毋卵
爲傷萌幼之類　毋聚大衆毋置城郭　爲妨農之始也
掩骼埋胔　爲死氣逆生氣也骨枯曰骼完腐曰胔也　不可稱

【第五紙】

掩骼埋胔為死氣逆生氣也骨枯曰骼完腐曰胔也不可稱
〻兵〻必有天殃逆生氣也仲春之月
養幼少存諸孤助生氣也命有司者囹去
桎梏毋肆掠順陽氣也省減也肆謂死刑暴尸毋竭川澤毋
漉陂池毋焚山林順陽養物季春之月天
子布德惠命有司發倉廪賜貧
窮振乏絶振猶救也開府庫出幣帛聘名
士禮賢者聘問也名士不仕者命司空曰時雨將
降下水上騰循利隄坊導達溝瀆開

降下水上騰循利堤坊導達溝瀆開
通道路毋有鄣塞所以除水潦便民事也田獵罝
罘羅罔畢翳餧獸之藥毋出九門為逆天時
也天子九門也命野虞毋伐桑柘愛蠶食也野虞謂主田及山林
之官后妃齊戒親帥東向躬桑禁婦女
毋觀省婦使以勸蠶事后妃親採桑示帥先天下也東向者
向時氣也觀去容飾也婦使縫線組紃之事命工師百工咸理監
工日號毋悖于時毋或作為淫巧以咸皆也於百工皆治理其事之時工師則監
蕩上心之日號令戒之以此二事百工作器物各

蕩上心咸皆也於百工皆治理其事工師則監之日號令戒之以此三事百工作器物各有時逢之則功不善也則功不善也淫巧謂僞飾不如法也蕩謂動之使生奢泰孟夏之月無起土功毋發大衆爲妨蠶農之事命野虞勞農勉作毋休于都急趣農事仲夏之月令有司爲民祈祀山川百源大雩帝乃命百縣雩祀百辟卿士有益於民者以祈穀實陽氣盛而恒旱山川百原能興雲致雨者也雩帝謂雩五精之帝也百辟卿士古者上公以次下若句龍后稷之類季夏之月樹木方盛元有斬伐爲其未堅刃也

【第六紙】

季夏之月樹木方盛无有斬伐〔為其未堅刃也〕
毋蔟令而待以妨神農之事〔蔟命而待謂出繇役之令以準豫驚民々驚則心動是害土神之氣也土神稱曰神農者以其主於稼穡者也〕
水潦盛昌舉大事則有天殃
孟秋之月乃命將帥選士厲兵命大理
審斷刑究提坊謹壅塞以備水潦
仲秋之月養衰老授几杖乃命有司
趣民收斂務畜菜多積聚〔為禦冬之備也〕乃勸民
種麦毋或失時〔麦者接絶續乏之穀尤重之也〕

種麦毋或失時麦者接絶續乏之穀尤重之也
季秋之月令冢宰挙五穀之要定其租税之簿
蔵帝藉之收於神倉霜始降百工咸休
寒而膠漆作不堅好
孟冬之月賞死事恤孤寡死事謂以国事死也令
百官謹蓋蔵謂府庫囷倉也固封疆備邊境完
要塞謹関梁大飲烝十月農功畢天子諸侯與其羣臣飲酒於大
學以正齒位謂之大飲天子乃祈来年于天宗祀
于公社及門閭臘先祖五祀此周礼所謂蜡祭也天宗謂日

【第七紙】

于公社及門閭臘先祖五祀（此周礼所謂蜡祭也天宗謂日月星辰也五祀門戶中霤竈行）勞農以休息之（黨正屬民飲酒正齒位是也）天子乃命將帥講武習射御

冬之月天子乃命有司祈祀四海大川

山林藪澤有能取疏食田獵禽獸者

野虞教導之（芻牧獸野物也大澤曰藪草木之實為疏食）

季冬之月命取冰々已入令告民出五

種（令田官告民出五種明大寒氣過農事將起）命農計耦耕事

脩耒耜具田器天子乃與公卿大夫共飭

脩耒耜具田器天子乃與公卿大夫共飾
國典論時令以待來歲之宜 飭國典者和六典之法也
周禮以正月為之也
文王世子
文王之為世子朝於王季日三雞初鳴
而起衣服至於寢門外問內豎之御
者曰今日安否何如 內豎小臣之屬掌外內之通令者御如今小吏直之
也
內豎曰安文王乃喜及日中又至亦如
之及暮又至亦如之其有不安節則內
文王

之及暮又至亦如之其有不安節則内
豎以告文王文王色憂行不能正履 節謂居處故事也履
蹈諸地之也 王季復膳然後亦復初食上必在
視寒煖之節也 在察 食下問所膳 膳所食也 然後
退武王帥而行之 帥循之也 文王有疾武王
不說冠帶而養 言常在側 文王壹飯亦壹飯
文王再飯亦再飯 欲知氣力箴藥所勝 凡三王教世
子必以禮樂樂所以脩内也禮所以脩外
也禮樂交錯於中發形於外立太傅少

【第八紙】

也禮樂交錯中於內發形於外是太傅少傅以養（養猶教也言養者積浸成長之）太傅審父子君臣之道以示之（為之行其礼也）少傅奉世子以觀太傅之德行而審諭之（為之説其義也）太傅在前少傅在後（謂其在學時也）入則有保出則有師（謂慈居出入時也）是以教諭而德成也（以有四人維持之）師也者教之以事而諭諸德者也保也者慎其者敬身以輔翼之而帰諸道者也（慎其身者謹安護之）是故知為人子者然後（可以為人父知為人臣然後）可以為人君知事

是故知為人子者然後可以為人君知事（可以為人父知為人臣然後）人然後能使人君之於世子也親則父也尊則君也有父之親有君之尊然後兼天下而有之是故養世子不可不慎也（憂君父之任覽海內之士而近不能以教其子則其餘不足觀之也）行一物而三善皆得者唯世子而已其齒於學之謂也（物猶事也）故世子齒於學國人觀之曰將君我而與我齒讓何也曰有父在則禮然然而衆知父子之道矣其二曰將君我而

【第九紙】

然々而衆知父子之道矣其二曰將君我而
與我齒讓何也曰有君在則禮然々而
衆知君臣之義也其三曰將君我而與
我齒讓何也曰長々也然而衆知長幼之節
所以父在斯爲子君在斯謂臣君子與臣
之節所以尊君親々也故學之爲父子
焉學之爲君臣焉學之爲長幼焉
父子君臣長幼之道得而國治語曰樂
正司業父師司成一有元良万國以真世

正司業文師司成一有元良万國以貞世
子之謂也司主也一人也元大也良善也貞正也

禮運

昔者仲尼與於蜡賓蜡者索也歲十二月合聚萬物而索饗之亦
祭宗廟時孔子在魯而在助祭之中事畢出遊於觀之上
喟然而歎觀闕之也言偃在側曰君子何歎
言偃孔子弟子子游也孔子曰大道之行也天下為公
選賢與能公猶共也禪位授聖不家之也故人不獨親其
親不獨子其子孝慈之道廣也使老有所終

親不獨子其子（孝慈之道廣也）使老有所終
幼有所長鰥寡孤獨癈疾者皆有所養
（无之者）是故謀閉而不興盜竊亂賊而不
作是謂大同（同猶和平也）今大道既隱（隱猶去也）天
下為家（傳位子也）各親其親各子其子大人世及
以為禮城郭溝池以為固（亂賊繁多為此以服之大人諸
侯也）禮義以為紀以正君臣以篤父子以睦兄
弟以和夫婦以設制度以功為己故謀
用是作兵由此起（以其違大道敦朴之本其弊明然老子曰法令滋章盜賊多）

【第十紙】

用是作兵由此起（以其違大道敦朴之本其弊則然老子曰法令滋章盜賊多有之也）
禹湯文武成王周公由此其選也（由用也能用礼義成治者之也）
此六君子者未有不謹於礼
者言偃復問曰如此乎礼之急也孔子曰
夫礼者先王以承天之道以治人之情故
失之者死得之者生詩云人而无礼胡不
遄死故聖人以礼示之天下國家可得而
正（民知礼則易教之也）是故礼者君之大柄所以治
政安君故聖王脩義之柄礼之序以治人

故安君故聖王脩義之柄礼之序以治人
情治者去瑕穢養精華之也故人情者聖王之田也脩礼以耕
之和其剛柔陳義以種之樹以善道講學以耨之咸滅
存是去非類也本仁以聚之合其所盛播樂以安之動
使之堅固故治國不以禮猶无耜而耕也無以
入之為禮不本於義猶耕而不種也嘉穀
无由生也為義而不講以學猶種而不耨也苗不殖草不
除不講之以學不合以仁猶耨而不穫也无以
知收豐荒之也合之以仁不安以樂猶穫而不食

【第十一紙】

知收豐荒之也合之以仁不安以樂猶穫而不食

也不知味之甘苦安之以樂而不達於順猶食而

不肥也功不見也四體既正膚革充盈人之肥也

父子篤兄弟睦夫婦和家之肥也大臣法

小臣廉官職相序君臣相正國之肥也

天子以德為車以樂為御諸侯以禮相與

大夫以法相序士以信相考百姓以睦相守

天下之肥也是謂大順故无水旱昆蟲之災

民无凶飢妖孽之疾言大順之時陰陽和也昆虫之災螟螽之屬也

民无凶飢妖孽之疾 言大順之時陰陽和也昆虫之灾螟螽之屬也

故天不愛其道地不愛其寶人不愛其情

言嘉瑞出人情至也 故天降膏露地出醴泉山出器

車河出馬圖鳳皇騏驎皆在郊藪龜龍

在宮沼其餘鳥獸之卵胎皆可俯而窺也

膏由甘也器謂若銀瓮丹甑也馬圖龍圖龍馬負出圖也藪藂草也沼池也 則是无故

非有他故使之然 先王能脩禮以達義體信而

達順故此順之實也

禮器

筠于貧反郑云竹之青皮也

禮器

禮釋回增美質措則正施則行釋猶去也回邪僻也質猶性也楢猶置也其在人也如竹箭之有筠如松柏之有心二者居天下之大端故貫四時而不改柯易葉箭篠也端本也四物於天下最得氣之本也或柔物於外或和澤於内以此不變傷人是得礼亦猶然外諧而内无怨故物无不懷仁鬼神饗德懷歸之也先王之立礼也有本有信礼之本義理礼之文無本不立無

【第十二紙】

信礼之本義理礼之文無本不立無
文不行 言必外内具也 礼者也合於天時設於
地財順於鬼神合於人心理万物者故
天不生地不養君子不以為礼鬼神弗響
天不生謂非其時物也地不養謂非其地所生也 是故昔者先王之
制礼也因其財物而致其義焉故作大事
必順天時 大事祭祀也 為朝夕必放於月 日出
東方月出西方之也 為高必因丘陵 謂冬至祭天於圜丘之上 為
下必因川澤 謂夏至祭地於方澤之中 是故因天事天

下必因川澤　謂夏至祭地於方澤之中　是故因天事天
〻高因高〻者以事之　因地事地　〻下因下〻者以事之　因名山升中
于天　名猶大也升上也中猶成也謂巡狩至於方岳燔柴祭天以告諸侯之成功也
諸侯之成功也　因吉土以饗帝于郊　吉土王者所卜而居之土
也饗帝于郊以四時所兆祭於四郊者也　升中于天而鳳皇降
龜龍格　功成而太平陰陽氣和而致象物也　饗帝於郊而
風雨寒暑者時　五帝主五行〻之氣和而庶徵得其序五行木為雨金
為陽火為燠水為寒土為風之　是故聖人南面而立天
下大治是故先王制禮以節事　動反本也

【第十三紙】

下大治是故先王制禮以節事（動又本也）

脩樂以導志（勸之善也）故觀其礼樂而治乱

可知（乱国礼慢而樂淫也）

内則

子事父母鷄初鳴咸盥漱冠緌纓端韠紳

搢笏（咸皆也緌纓之飾也端玄端士服也庶人深衣紳大帯也）左右佩用

（必佩者備尊者使令也）以適父母舅姑之所及所下

氣怡聲問所欲而敬進之柔色以温之

（温藉也承尊者必和顔色也）父母有過下氣怡色柔聲以

温藉也柔尊者以和顔色也　父母有過下氣怡色柔聲以
諫諫若不入起敬起孝悦則復諫父
母怒不悦而撻之流血不敢疾怨起敬起
敬起孝　撻撻之也　父母雖没將為善思貽父
母令名　必果也　曾子曰孝子之養老樂其耳目安
其寢處以其飲食忠養之父母之所愛
亦愛之所敬亦敬之至於犬馬盡然而況
於人乎

玉藻

玉藻

年不順成則天子素服乘素車食无樂自貶損也君无故不殺牛大夫無故不殺羊士無故不殺犬豕故謂祭祀之特君子遠庖厨凡有血氣之類弗身踐也踐猶翦也聲之誤翦猶殺也

大傳

聖人南面而聽天下所且先者有五民不得與焉且先言未遑辟事一日治親二日報功三日舉賢四日使能五日存愛存察也察有仁愛者

【第十四紙】

曰舉賢四曰使能五曰存愛切〻拔也存察也察有仁愛者五者一得於天下民無不足無不贍五者一物紕繆民不得其死物猶事紕猶錯也五〻事得則民足一事失則民不得其死明政之難也聖人南面治天下必自人道始矣人道謂此五事之也是故人道親〻言先有恩親〻故尊〻祖〻故敬〻宗〻故收〻族〻故宗〻廟〻嚴〻故重〻社〻稷〻故愛〻百〻姓〻故刑〻罰〻中〻故庶〻民〻安〻故財〻用〻足〻故

中〻故庶〻民〻安〻故財〻用〻足〻故百〻志〻成〻故禮〻俗〻刑〻發樂故旅序以昭穆也蔵尊也百人之志意所欲也刑猶成也詩云不顯不承無斁於人斯此之謂也斁厭也言文王之德不顯乎不承乎先人之業乎言其顯且承之樂之无厭

樂記

凡音之起由人心生也人心之動物使之然也感於物而動故形於聲宮商角徵羽雜比曰音單出曰聲形猶見也樂者音之所由生也其本在人

【第十五紙】

曰聲形猶見也

樂者音之所由生也其本在人

心之感於物是故其哀心感者其聲噍

以殺其樂心感者其聲嘽以緩其喜心感

者其聲發以散其怒心感者其聲粗以厲

其敬心感者其聲直以廉其愛心感者其

聲和以柔六者非其性也感於物而後動

言人聲在所見非有常也噍踧也嘽寬綽貌發猶揚也粗疏也

是故先王慎所

以感之者故礼以導其志樂以和其聲

政以一其行刑以防其姦禮樂刑政其

政以一其行刑以防其姦禮樂刑政其極一也所以同民心而出治道凡音者生人心者也情動於中故形於聲聲成文謂之音是故治世之音安以樂其政和乱世之音怨以怒其政乖亡國之音哀以思其民困聲音之道與政通矣（言八音和否隨政）宮為君商為臣角為民徵為事羽為物五者不乱則無怗懘之音矣（五者君臣民事物也凡聲濁者尊清者卑怗懘弊敗不和之貌也）宮乱則荒其君驕商乱則陂

懘敝不和之貌也　宮乱則荒其君驕商乱則陂其官壞角乱則憂其民怨徵乱則哀其事勤羽乱則危其財遺五者皆乱迭相陵謂之慢如此則國之滅亡無日矣　君臣民事物其道乱則音應而乱也荒猶散也陂傾也　鄭衛之音乱世之音比於慢矣　比猶同也　桑間濮上之音亡國之音其政散其民流誣上行私而不可止也　濮水之上地有桑間者亡國之音於此水出也　是故知聲而不知音者禽獸是也知音而不知

【第十六紙】

聲而不知音者禽獸是也知音而不知
樂者衆庶是也唯君子爲能知樂禽獸知此爲聲耳不
知其宮商之變八音並作克諧曰樂審聲以知音審音以知
樂審樂以知政而治道備矣是故不知
聲者不可與言音不知音者不可與言
樂知樂者則幾於礼矣礼樂皆得謂之
有德幾近也聽樂而知政之得失則能正君臣民事物之礼也樂之隆非極
音食饗之礼非致味隆猶盛極猶窮是故
先王之制礼樂非以極口腹耳目之欲將

先王之制礼楽非以極口腹耳目之欲将
以教民平好悪而反人道之正　教之使知好悪　為
人之節　言為作法度以遏其欲也　衰麻哭泣所以節
喪紀也鐘鼓干戚所以和安楽也昏姻冠
笄所以別男女也射郷食饗所以正交
接也　男廿而冠女許嫁而笄成人之礼也射大射郷々飲酒也食々礼饗々礼也　禮節
節民心楽和民声政以行之刑以防之礼
楽刑政四達而不悖則王道備矣楽由
中出　和在心也　礼自外作　敬在貌也　大楽必易大礼

【第十七紙】

中出（和在心也）礼自外作（敬在皃也）大楽必易大礼
必簡（易簡若於清廟大饗然也）楽至則无怨礼至則
不争揖讓而治天下者礼楽之謂也
（至猶達行）大楽與天地同和大礼與天地同節（言順天下
之氣与其數也）和故百物不失（不失性也）節故祀天祭
地（成万物有功報焉也）明則有礼楽（教人者也）幽則有鬼
神（助天地成物者之也）如此則四海之内合敬同愛
王者功成作楽治定制禮（功主於王業治主於教民）五
帝殊時不相沿楽三王異世不相襲禮（言其

帝殊時不相沿樂三王異世不相襲禮（言其有損益也）故聖人作樂以應天制礼以配地礼樂明備天地官矣（官猶事也各得其事）地氣上躋天氣下降鼓之以雷霆奮之以風雨動之以四時煖之以日月而百化興焉如此則樂者天地之和也礼者所以綴淫也（綴猶止也）是故先王有大事必有礼以哀之有大福必有礼以樂之哀樂之分皆以礼終（大事謂死喪也）是故先王本之情性稽之度數制之礼義合生氣之和道五

性稽之度數制之礼義合生氣之和道五常之行使之陽而不散陰而不密剛氣不怒柔氣不懾四暢交於中而發作於外皆安其位而不相奪也生氣陰陽氣也五常五行也密言閉懾猶恐懼也土敝則草木不長水煩則魚鼈不大氣衰則生物不遂世亂則礼慝而樂淫是故其聲哀而不莊樂而不安慢易以犯節流湎以忘本感脩暢之氣而滅平和之德是以君子賤之也遂猶成也慝穢也感動也動人條暢之善氣使失其所也

【第十八紙】

是以君子賤之也（逆猶成也逆識也感動也動人條暢之善氣使失其所也）
凡姦聲感人而逆氣應之逆氣成象
而淫樂興焉正聲感人而順氣應之順氣
成象而和樂興焉倡和有應迴邪曲直各
歸其分而萬物之理以類相動（成象謂人樂習焉）是
故君子反情以和其志比類以成其行姦聲
亂色不留聰明淫樂慝禮不接心術惰慢
邪僻之氣不設於身體使耳目鼻口心
智百體皆由順正以行其義（反猶本也術猶道也）然後

智百體皆由順正以行其義文猶本也術猶道也然後發以聲音而文以琴瑟動以干戚飾以羽旄從以簫管奮至德之光動四氣之和以著萬物之理奮猶動也至德之光謂降天神出地祇格祖考也著猶成之也故樂行而倫清耳目聰明血氣和平移風易俗天下皆寧言樂用則正人和理陽也倫謂人道也

魏文侯問於子夏曰吾端冕而聽古樂唯恐卧聽鄭衛之音則不知倦敢問古樂之如彼何也新樂之如此何也古樂先王之正樂也對曰今君之

【第十九紙】

新樂之如此何也古樂先王之正樂也對曰今君之所問者樂所好者音相近而不同鏗鎗之類皆為音應律呂為樂文侯曰敢問何如欲知音樂異意對曰夫古者天地順而四時當民有德而五穀昌疾疢不作而无妖祥此之謂大當然後聖人作為父子君臣以為綱紀綱紀既正天下大定天下大定然後正六律和五聲絃歌詩頌此之謂德音德音之謂樂當謂不失其所也今君之所好者其溺音乎鄭音好濫淫志宋音燕女

趨數

好者其溺音乎鄭音好濫淫志宋音燕女溺志衛音趨數煩志齊音敖辟驕志四者淫於色而害於德是以祭祀弗用也言四國出此溺音也為人君者謹其所好惡而已矣君好之則臣為之上行之則民從之詩云誘民孔易此之謂也誘進也孔甚也民從君之所好惡進之於善无難也君子曰禮樂不可斯須去身致樂以治心樂由中出故治心也致禮以治躬礼自外作故治身也心中斯須不和不樂而鄙詐之心入之矣鄙詐入之謂利欲生也外貌斯須不

鄙詐之心入之矣（鄙詐入之謂利欲生之也）外貌斯須不
莊不敬而慢易之心入之矣（易輕易也）故樂也
者動於内者也礼也者動於外者也樂極則
和禮極則順内和而外順則民瞻其顔色
而不與争也望其容貌而民不生易慢焉
是故樂在宗廟之中君臣上下同聽之則莫不
和敬在族長郷里之中長幼同聽之則
莫不和順在閨門之内父子兄弟同聽之則
莫不和親故樂者所以合和父子君臣附

【第二十紙】

莫不和親故樂者所以合和父子君臣附
親萬民是先王立樂之方也
祭法
夫聖王之制祀也法施於民則祀之以死
勤民則祀之以勞定國則祀之能禦大災
則祀之能扞大患則祀之是故厲山氏之
有天下也其子曰農能殖百穀夏后氏之
衰周棄繼之故祀以為稷共工氏之霸九
州也其子曰后土能平九州故祀以為社帝

州也其子曰后土能手九州故祀以為社帝嚳能序星辰堯能賞均刑法舜能勸衆事鯀鄣洪水禹能脩鯀之功黃帝正名百物顓頊能脩之契為司徒而民成冥勤其官而水死湯以寬治民而除其虐文王以文治武王以武功去民之災此皆有功烈於民者也及夫日月星辰民所瞻仰也山林川谷丘陵民所取財用也非此族也不在祀典祀典謂祭祀也

【第二十一紙】

祀典謂祭祀也

祭義

祭不欲數數則煩煩則不敬祭不欲䟽䟽則

怠怠則忘是故君子合諸天道春禘秋嘗

忘與不敬違禮莫大焉合於天道因四時之變化孝子感時而念親則以此祭也　霜露既降

君子履之必有悽愴之心非其寒之謂

也春雨露既濡君子履之必有怵惕之心如

將見之　非其寒之謂悽愴及怵惕皆為感時念親也　樂以迎來哀

以送往致齊於內散齊於外齊之日思其

以送往致齊於內散齊於外齊之日思其
居處思其笑語思其志意思其所樂思其
所嗜齊三日乃見其所為齊者（見其所為齊者思之熟也）祭
之日入室僾（音愛　僾見皃）然必有見乎其位周旋出戶肅
然必有聞乎其容聲出戶而聽愾然必有
聞乎其歎息之聲是故先王之孝也色不
忘乎目聲不絕乎耳心志嗜欲不忘乎心
安得不敬乎君子生則敬養死則敬享
（祭也　饗食也）唯聖人為能饗帝孝子為能饗親

（祭也饗也）雖聖人為能饗帝孝子為能饗親（謂祭之能使之饗之也帝天也）先王之所以治天下者五貴有德也貴貴也貴老也敬長也慈幼也此五者先王之所定天下也貴有德為其近於道也貴貴為其近於君也貴老為其近於親也敬長為其近於兄也慈幼為其近於子也（言治國有家道之也）曾子曰身也者父母之遺體也行父母之遺體敢不敬乎居處不莊非孝也事君不忠非孝也涖官不敬非孝也朋友不信

【第二十二紙】

君不忠非孝也涖官不敬非孝也朋友不信
非孝也戰陳无勇非孝也五者不遂灾及於
親敢不敬乎〔遂猶成也〕夫孝置之而塞乎天地
敷之而横乎四海施諸後世而无朝夕詩〔溥本作〕
云自東自西自南自北无思不服此之謂也
孝有三小孝用力中孝用勞大孝不遺〔勞猶
功也〕思慈愛忘勞可謂用力矣尊仁安義可
謂用勞矣博施備物可謂不遺矣〔思慈愛忘勞思父母之慈
愛己而自忘己之勞苦〕父母愛之喜而弗忘父母惡之懼

愛己而自忘己之勞苦父母愛之喜而弗忘父母惡之懼
而無怨無怨元恕於父母之心也父母有過諫而不逆順而
諫之父母既沒必求仁者之粟以祀之此之謂
禮終諭貪固猶不敢惡人之物以事己親樂正子春下堂而傷
其足數月不出猶有憂色門弟子曰夫子
之足瘳矣數月不出猶有憂色何也曰吾聞
諸曾子父母全而生之子全而歸之可謂孝
矣不虧其體不辱其身可謂全矣故君子
雖步弗敢忘孝也今即忘孝之道予是以有

【第二十三紙】

雖出弗敢忘孝也今即忘孝之道是背（數猶多又亡猶多一舉足之間無舉足忘步）
憂色也壹舉足而不敢忘父母壹出言而不
敢忘父母壹舉足而不敢忘父母是故道而
徑舟而不游不敢以先父母之遺體行危殆
壹出言而不敢忘父母是故惡言不出扵口忿
言不反扵身不辱其身不羞其親可謂孝
矣（徑步邪行趍疾之也）虞夏殷周天下之盛王也未
有遺年者是故天子巡狩諸侯待見于境
天子先見百年者（問其國君以百年者所在而往見之也）

天子先見百年者　問其國君以百年者所在而往見之也

祭統

凡治人之道莫急於礼〻有五經莫重於祭

礼有五經謂吉凶賓軍嘉也莫重於祭謂以吉礼爲首之也　夫祭者非物自外至

也自中生出於心也心怵而奉之以礼是

故唯賢者能盡祭之義是故君子之教也

外則教之以尊其君長内則教之以孝於其

親是故君子之事君也必身行之所不安於

上則不以使下所惡於下則不以事上非

上則不以使下所悪於下則不以事上非諸人行諸己非教之道也以身行之言恕乃行之也是故君子之教也必由其本順之至也祭其是與故曰祭者教之本也已教由孝順生也祭而不敬何以爲也

經解

天子者與天地參焉故德配天地兼利萬物與日月並明々照四海而不遺微小其在朝廷則道仁聖礼義之序燕處則聽雅頌之音行

【第二十四紙】

則道仁聖礼義之序燕處則聴雅頌之音行
步則有環佩之聲升車則有鸞和之音
居處有礼進退有度百官得其宜萬事
得其序詩云淑人君子其儀不忒其儀不忒
正是四國此之謂也道猶言也發號出令而民悦
謂之和上下相親謂之仁民不求其所欲
而得之謂之信除去天地之害謂之義義與
信和與仁霸王之器也有治民之意而無其
器則不成器謂所操以作事者義信和仁皆在於礼之也故礼之於國

器則不成（器謂所操以作事者義信和仁皆在於礼之也）夫礼之於國
也猶衡之於輕重也繩墨之於曲直也規矩
之於方圓也故衡誠縣不可欺以輕重繩
墨誠陳不可欺以曲直規矩誠設不可
欺以方圓君子審禮不可誣以姦詐（衡稱也　縣錘也）
陳設之也　孔子曰安上治民莫善於禮此之謂
也故朝覲之礼所以明君臣之義也聘問
之禮所以使諸侯相尊敬也喪祭之礼所以
明臣子之恩也鄉飲酒之礼所以明長幼之序

【第二十五紙】

明臣子之恩也郷飲酒之礼所以明長幼之序
也婚姻之礼所以明男女之別也夫礼禁亂之所
由生猶坊止水之所自来也故以舊防為无所用
而壊之者必有水敗以舊礼為无所用而去之
者必有乱患故婚姻之礼廢則夫婦之道苦
而淫僻之罪多矣郷飲酒之礼廢則長幼之
序失而闘争之獄繁矣喪祭之礼廢則臣
子之恩薄而背死忘生者衆矣聘覲之礼
廢則君臣之位失而背叛侵陵之敗起矣

廢則君臣之位失而背叛侵陵之敗起矣

不至不巻之屬　故礼之教化也微其止邪於未形使

人日徙善遠罪而不自知也是以先王隆之也

易曰君子慎始差若毫釐謬以千里此

之謂也　隆謂尊盛之也始謂其微時之也

仲尼燕居

子曰禮者何也即事之治也治國而无禮

譬猶瞽之无相與倀倀乎何之譬如終夜

有求於幽室之中非燭何以見之若无禮則

有求於幽室之中非燭何以見之若无禮則手足无所措耳目无所加進退揖讓无所制是故以之居處長幼失其別閨門之内三族失其和朝廷官爵失其序軍旅武功失其制宮室失其度量喪紀失其哀政事失其施凡衆之動失其宜

中庸

天命之謂性率性之謂道脩道之謂教

性者生之質也命者人所稟受率循也循性行之是曰道脩治也治而廣之人放傚之是曰教

【第二十六紙】

性者生之質也命者人所稟受率循〻性行是曰道
脩治也治而廣之人放斆之是曰教
道也者不可須臾離也可離非道也道猶道
路也出入動作由之須臾離之惡乎從是故君子戒慎乎其所
不覩恐懼乎其所不聞莫見乎隱莫
顯乎微故君子慎其獨也慎其獨者慎其閑居之所為也
人於隱者動作言語自以不見覩不見聞則必肆盡其情若有佔聽之者是為顯見甚於衆人之
中為之也子曰中庸其至矣乎民鮮久矣
鮮罕也言中庸為道至美故人罕能久行之者子曰无憂者其唯
其唯文王乎以王季為父以武王為子父

其唯文王乎以王季為父以武王為子父作之子述之 聖人以立法度為大事子能述成之則何憂乎堯舜之父子則有凶頑禹湯之父子則有寡令聞父子相成唯有文王也 武王纘大王王季文王緒一戎衣而有天下身不失天下之顯名尊為天子富有四海之内宗廟饗之子孫保之 纘繼也緒業也 子曰武王周公其達孝矣乎夫孝者善繼人志善述人之事者也

表記

【第二十七紙】

表記

子曰仁有三與仁同功而異情利仁強仁功雖下與安仁者同本情則異也與仁同功其仁未可知也與仁同過然後其仁可知也仁者安仁智者利仁畏罪者強仁功者人所貪過者人所避子曰君子不以辞盡人不見人之言語則以為善言其餘行或時惡也故天下有道則行有枝葉天下無道則辞有枝葉行有枝葉所以益德也言有枝葉是衆匪華也枝葉依幹而生言行亦由礼出也是故君子於有喪者之側不能賻焉則不問其所費於有病

者之側不能賻焉則不問其所費於有病者之側不能饋焉則不問其所欲有客不能館焉則不問其所舍（皆避有其言而无其實也）故君子之接如水小人之接如醴君子淡以成小人甘以壞（水相得合而已酒醴相得則敗淡无酸酢少味也）不口譽人則民作忠故君子問人之寒則衣之問人之飢則食之稱人之美則爵之（皆為有言不可以无實也）

緇衣

緇衣
子言之曰為上易事也為下易知也則刑不
煩矣（言君不苛虐臣无姦心則刑方以措之也）子曰夫民教之以
德齊之以礼則民有格心教之以政齊之
以刑則民有遯心（格来也　遯逃也）故君民者子以愛
之則民親之信以結之則民不背恭以莅
之則民有遜心（莅臨也　遜猶順也）子曰下之事上
也不從其所令而從其所行（言民化行不拘於言也）上
好是物下必有甚矣（甚者甚於君也）故上之好惡所

【第二十八紙】

好是物下必有甚矣（甚者甚於君也）故上之所好悪不可不慎也是民之表也（言民之從君如影之逐表也）子曰禹立三年百姓以仁遂焉豈必盡仁（言百姓效禹為仁非本性仁也）子曰上好仁則下之為仁爭先人

子曰王言如絲其出如綸王言如綸其出如綍（言出彌大也綸今有秩嗇夫所佩也綍引棺索也）故大人不唱游言（游猶浮也不可用之言也）可言也不可行君子弗言也可行也不可言君子弗行也則民言不危行而行不危言矣（危猶高也言不高於行行不高於言言行相應也）

危行而行不危言矣（危猶高也言不高於行〻不高於言〻行相應相也）
子曰君子道人以言而禁人以行（禁猶謹也）
故言必慮其所終而行必稽其所弊則
民謹於言而慎於行（稽猶考也）詩云慎爾出
話敬爾威儀（話言之也）子曰為上可望而知也
為下可述而志也則君不疑於其臣不
惑於其君矣（志猶知也）上人疑則百姓惑下難
知則君長勞（難知有姦心也）故君民者章好以示
民之俗慎惡以御民之淫則民不惑矣（淫貪）

民之俗慎悪以御民之淫則民不惑矣惑淫貪

俗也孝經曰示之以好悪而民知禁也

子曰大臣不可以不敬也

是民之表也近臣不可以不慎也是民之

道也民之道言民循從之也子曰大人不親其所賢而信

其所賤民是以親失而敎是以煩親失■其所當親也

子曰民以君為心君以民為敎煩由信賤者也賤者无壹德也

體心莊則體舒心肅則容敬心好之身必

安之君好之民必欲之心以體全以體傷君

【第二十九紙】

以民存亦以民亡疷瘠疷也

正義曰無諸已而後非諸人者謂无惡行於已而后可以非責於人為惡行也云云

以民存亦以民亡 疷庮 疷也

大學

堯舜率天下以仁而民從之桀紂率天下以

暴而民從之其所令反其所好而民不從

言民之化君行也君好貨而之禁民淫於財利不能止也 是故君子有諸己而

後求諸人無諸己而後非諸人所藏乎身

不恕而能喻諸人者未之有也故上老老而民

興孝上長長而民興悌上恤孤而民不倍所

惡於上无以使下所惡於下毋以事上所惡於

惡於上无以使下所惡於下毋以事上所惡於
前毋以先後所惡於後毋以從前所惡於
有毋以交於左所惡於左毋以交於右詩云樂
旨君子人之父母民之所好〻之所惡〻之此
之謂人之父母（言治民之道无他取於已而已）好人之所惡
惡人之所好是謂拂人之性灾必逮夫身（拂猶
佹逮及也）

昬義

昬義者將合二姓之好上以事宗廟而下以

【第三十紙】

昬義者將合二姓之好上以事宗廟而下以
繼後世也故君子重之男女有別而後夫婦
有義夫婦有義而後父子有親父子有親而
後君臣有正故曰昬礼者礼之本也夫礼始扵
本扵昬重扵喪祭尊扵朝聘和扵鄉射此
礼之大體也古者天子后立六宮三夫人九
嬪廿七世婦八十一御妻以聽天下之內治以
明章婦順故天下內和而家理也天子立
六官三公九卿廿七大夫八十一元士以聽天下

六宮三公九卿廿七大夫八十一元士以聽天下之外治以明章天下之男教故外和而國治也故曰天下聽男教后聽女順天下理陽道后治陰德天子聽外治后聽內職教順成俗外內和順國家理治此之謂盛德也故男教不脩陽事不得謫見于天日為之食婦順不脩陰事不得謫見于天月為之食是故日食則天子素服而脩六官之職蕩天下之陽事月食則后素服而脩六官之

天下之陽事月食則后素服而脩六宮之
職蕩天下之陰事故天子之與后猶日之與
月陰之與陽相須而後成者也　謫之言責也蕩滌去穢惡也

射義

古者諸侯之射也必先行燕禮卿大夫士之
射也必先行鄉飲酒之礼故燕礼者所以
明君臣之義也鄉飲酒之礼者所以明長
幼之序也　言別尊卑老稚乃後射以觀德行也　故射者進退

【第三十一紙】

周還必中礼内志正外體直然後持弓

周還必中礼内志正外體直然後持弓矢審固持弓矢審固然後可以言中此可以觀徳行也（内正外直習於礼楽有徳行之者）其節天子以騶虞諸侯以貍首大夫以采蘋士以采蘩為節故明乎其節之志以不失其事則功成而徳行立徳行立則无暴乱之禍功成則國安故曰射者所以觀盛徳（騶虞采蘋采蘩今詩篇名也貍首騶）（騶虞采蘋采蘩今詩篇名也貍首逸也）是故古者天子以射選諸侯卿大夫士射者男子之事因而

諸侯卿大夫士射者男子之事因而
飾之以禮樂也故事之盡禮樂而可數
為以立德行者莫若射故聖王務焉（選士者先孝德）
（行乃後決之射也男子生而有射事長示礼楽以飾之）是故古者天子之
制諸侯也歲貢士於天子ミ試之於射
宮觀其容體比於禮其節比於樂而中
多者得與於祭其容體不比於禮其節
不比於樂而中少者不得與於祭數與於
祭而君有慶數不與於祭而君有讓數

【第三十二紙】

祭而君有慶數不與於祭而君有讓數
有慶益地數有讓而削地故曰射者射
為諸侯故天子之大射謂之射侯也射
中則得為諸侯射不中不得為諸侯
謂擇祭擇士之射也得為諸侯謂有慶也不得為諸侯謂有讓也
故射者仁之道
也求正諸己己正而後發發而不中則不怨
勝者反求諸己而已矣孔子曰君子无所
爭必也射乎

群書治要卷第七

康元二年二月九日加點了　蓋校

越州使君尊閤教命也

前參河守清原（花押）

二

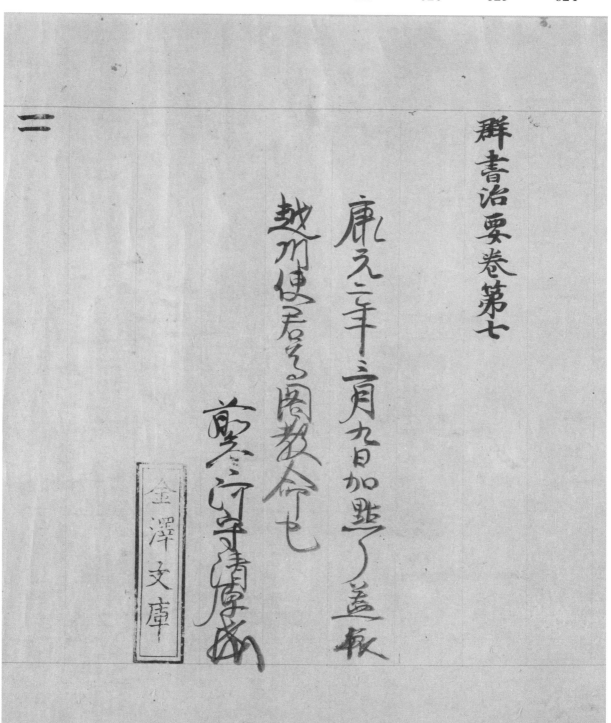

627　628　629

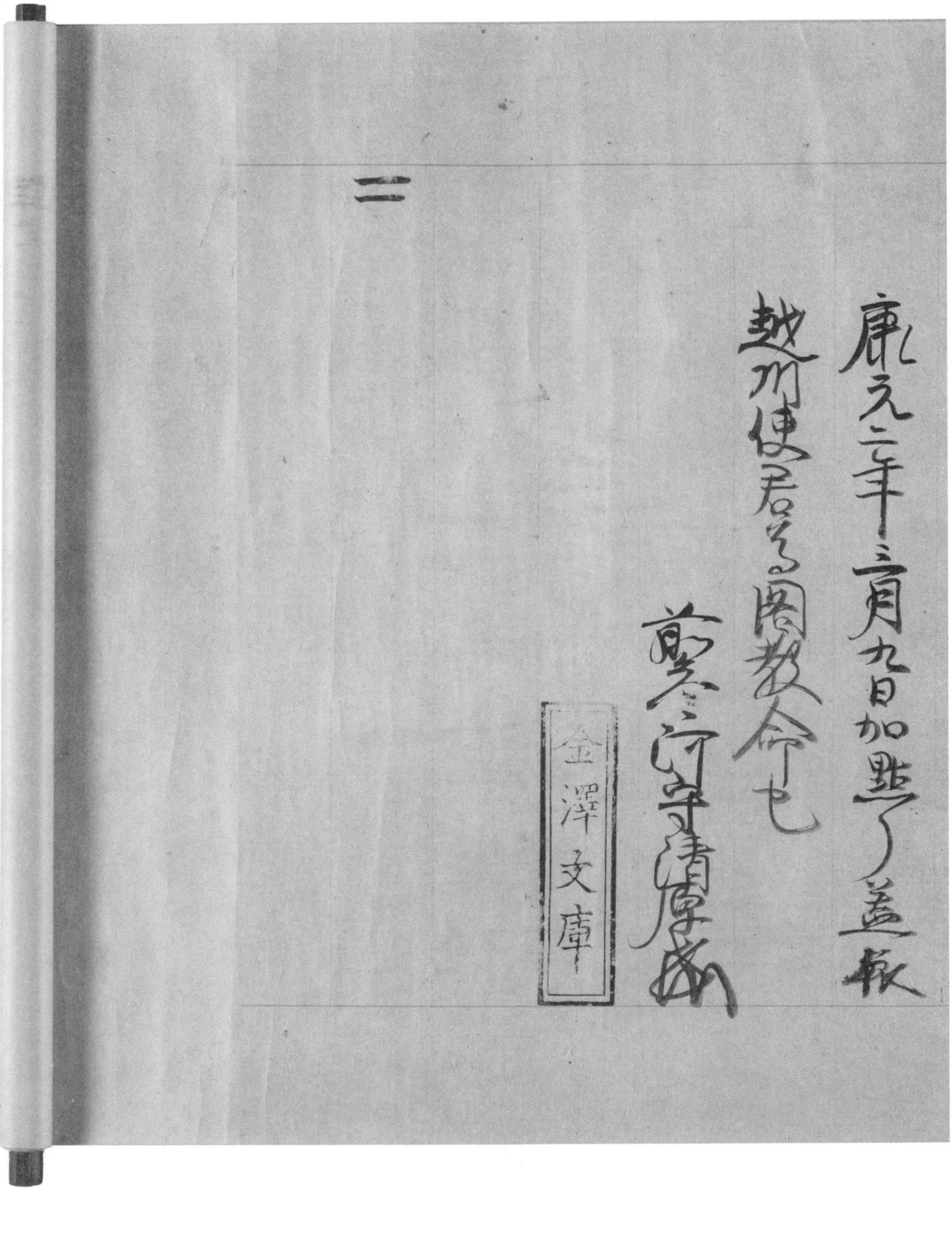

康元二年三月九日加點了　蓋報

越州使君尊閤教命也

前參河守清原

二

群書治要 八
圖書寮
書號 117
冊數 48
函號 特 3

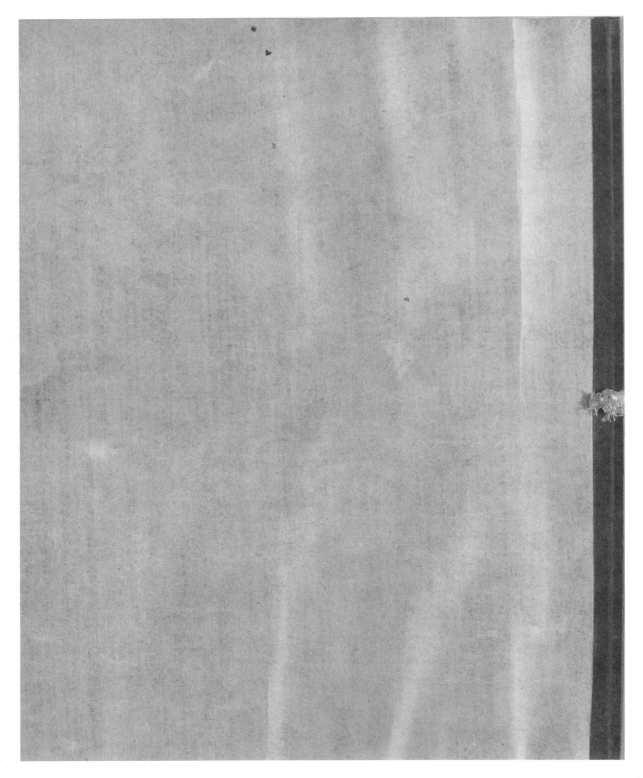

群書治要卷第八　秘書監鉅鹿男臣魏徵等奉勅撰

周禮　周書　春秋外傳國語

韓詩外傳

周禮

天官

惟王建國，辯方正位，別四方，正君臣之位，君南面，臣北面之屬。體國經野，體國分郡畿之度，經野遷理其井廬也。設官分職，量冢宰、司徒、宗伯、司馬、司寇、司空各有所職，而百官事擧。以爲民極。極中也。令天下之人各得其中，不失其所也。乃立天官冢宰，使帥其屬

【第二紙】

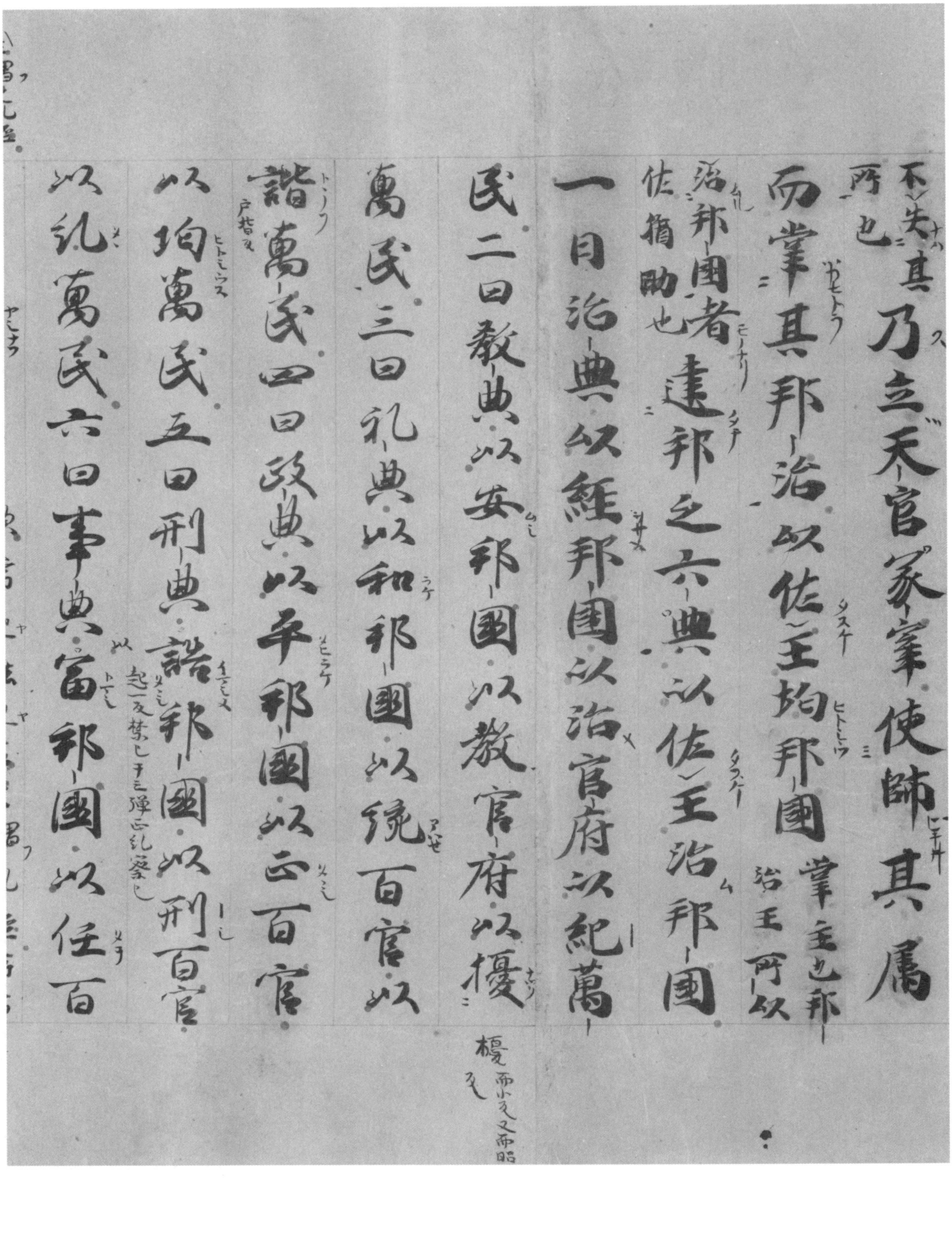

下失其所也乃立天官冢宰使帥其屬而掌邦治以佐王均邦國掌主也邦治王所以治邦國者佐猶助也建邦之六典以佐王治邦國一曰治典以經邦國以治官府以紀萬民二曰教典以安邦國以教官府以擾萬民三曰禮典以和邦國以統百官以諧萬民四曰政典以平邦國以正百官以均萬民五曰刑典以詰邦國以刑百官以糾萬民六曰事典以富邦國以任百

【第三紙】

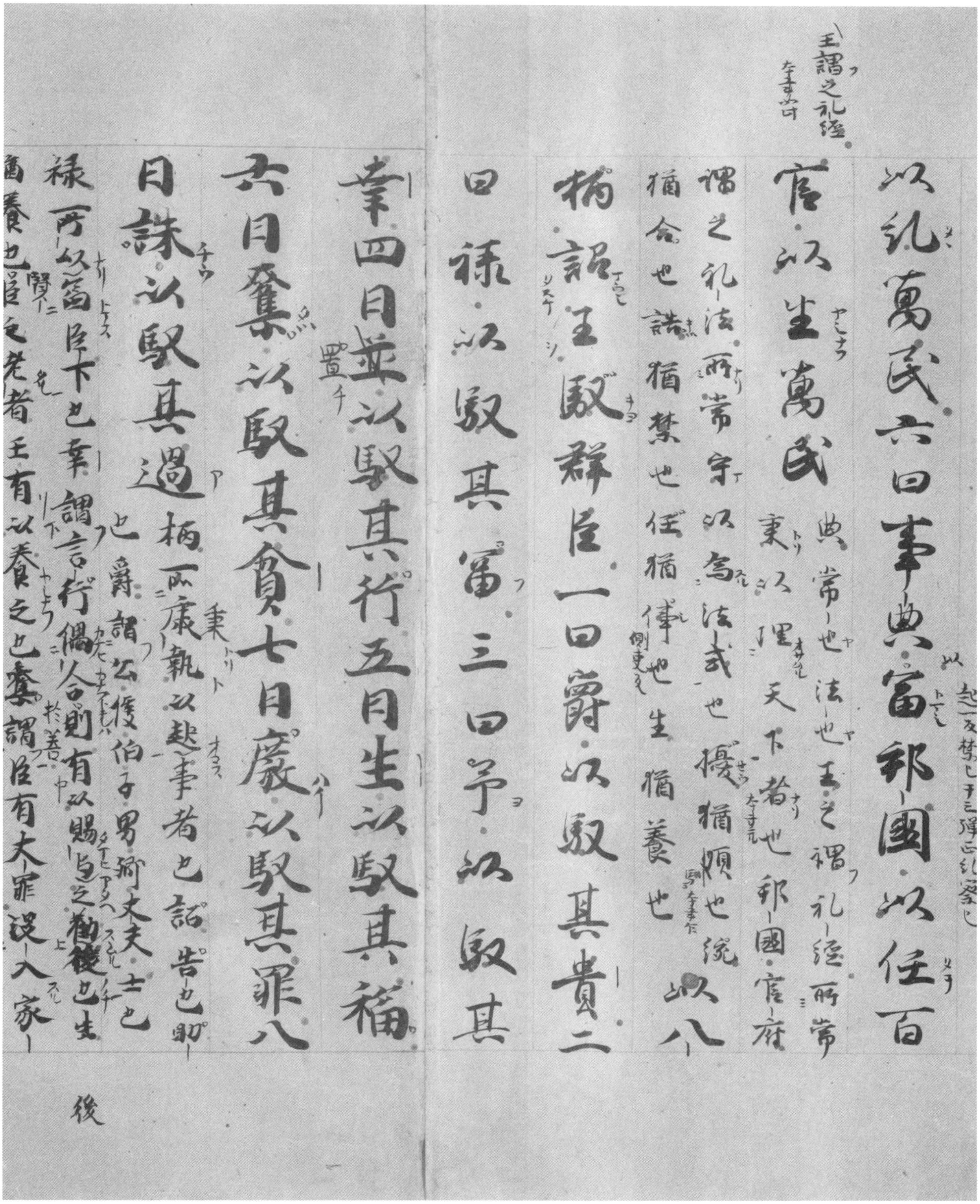

以紀萬民六曰事典以富邦國以任百

官以生萬民　典常也法也王之謂禮經所常秉以理天下者也邦國官府

謂之禮法所常守以爲法式也擾猶順也統猶合也詰猶禁也任猶俸也生猶養也　以八

柄詔王馭群臣一曰爵以馭其貴二

曰祿以馭其富三曰予以馭其

幸四曰置以馭其行五曰生以馭其福

六曰奪以馭其貧七曰廢以馭其罪八

曰誅以馭其過　柄所秉執以起事者也詔告也助也爵謂公侯伯子男卿大夫士也

祿所以富臣下也幸謂言行偶合則有以賜予之以勸後也生猶養也賢臣之老者王有以養之也奪謂臣有大罪沒入家

後

禄所以富臣下也幸謂言行偶合於善則有以賜与之勸後也生猶養也賢臣之老者王有以養之也奪謂臣有大罪沒入家財者也誅責讓也以八統詔王馭萬民一曰親親二曰敬故三曰進賢四曰使能五曰保庸六曰尊貴七曰達吏八曰礼賓統所以合牧萬民者也親親若堯親九族也敬故不慢舊也賢有善行也能多才藝也保庸安有功也尊貴尊天下之貴也達吏察舉勤勞之小吏也礼賓賓客諸侯所以示民親仁善隣也歲終則令百官府各正其治受其會正定也會大計也三歲則大計群吏之治而誅賞三載考績也膳夫掌王之食飲膳羞大喪則不舉大荒則不舉大札則不

札側八反徐音截杜注左傳大死曰札

大喪則不舉大札則不舉天地有災則不舉邦有大故則不舉大荒凶年也大札疫癘也天災日月晦食也地災崩動也大故刑殺也春秋傳曰司寇行戮君為之不舉

地官

大司徒之職掌建邦之土地之圖與其人民之數以佐王安擾邦國教所以親百姓訓五品也擾亦安也言饒衍之也而施十有二教焉一曰以祀禮教敬則民不苟二曰以陽禮教讓則民不爭三曰以陰禮教親則民不怨四曰以樂教和

【第四紙】

以陰禮教親則民不怨四曰以樂教和
則民不乖五曰以儀弁等則民不越
六曰以俗教安則民不偷七曰以刑教中
則民不虣八曰以誓教恤則民不怠九曰
以度教節則民知足十曰以世事教能
則民不失職十有一曰以賢制爵則民
慎德十有二曰以庸制祿則民興功陽禮
謂鄉射飲酒也陰禮謂男女之禮也昏姻以時則男不
曠女不怨也儀謂君南面臣北面父坐子伏之属也俗謂
土地所生習也偷謂苟且也恤謂災危相憂也民
有凶患憂之則不懈怠也度謂宮室車服之制也世事

本ニ養於鄉

土地所生習也偷謂朝不謀夕也恤謂災危相憂也民有凶患憂之則民不懈怠也度謂宮室車服之制也世事
謂士農工商之事少而習焉其心安焉因藝以能不易其
業也慎德謂矜其善德勸為善也庸功也爵以顯賢祿
以賞功也以保息六養萬民一曰慈幼二曰
養老三曰振窮四曰恤貧五曰寬
疾六曰安富　保息謂安之使蕃息也慈幼愛幼少也養老七十養於學五十異粮之屬也振窮救天民之窮者也恤貧貧無財業稟貸之也寬疾若今癃不可事不筭卒也安富平徭役不專取之也
以鄉三物教萬民而賓興之一曰六德知
仁聖義忠和二曰六行孝友睦婣任恤
三曰六藝禮樂射馭書數　物猶事也興猶舉也民三事之

【第五紙】

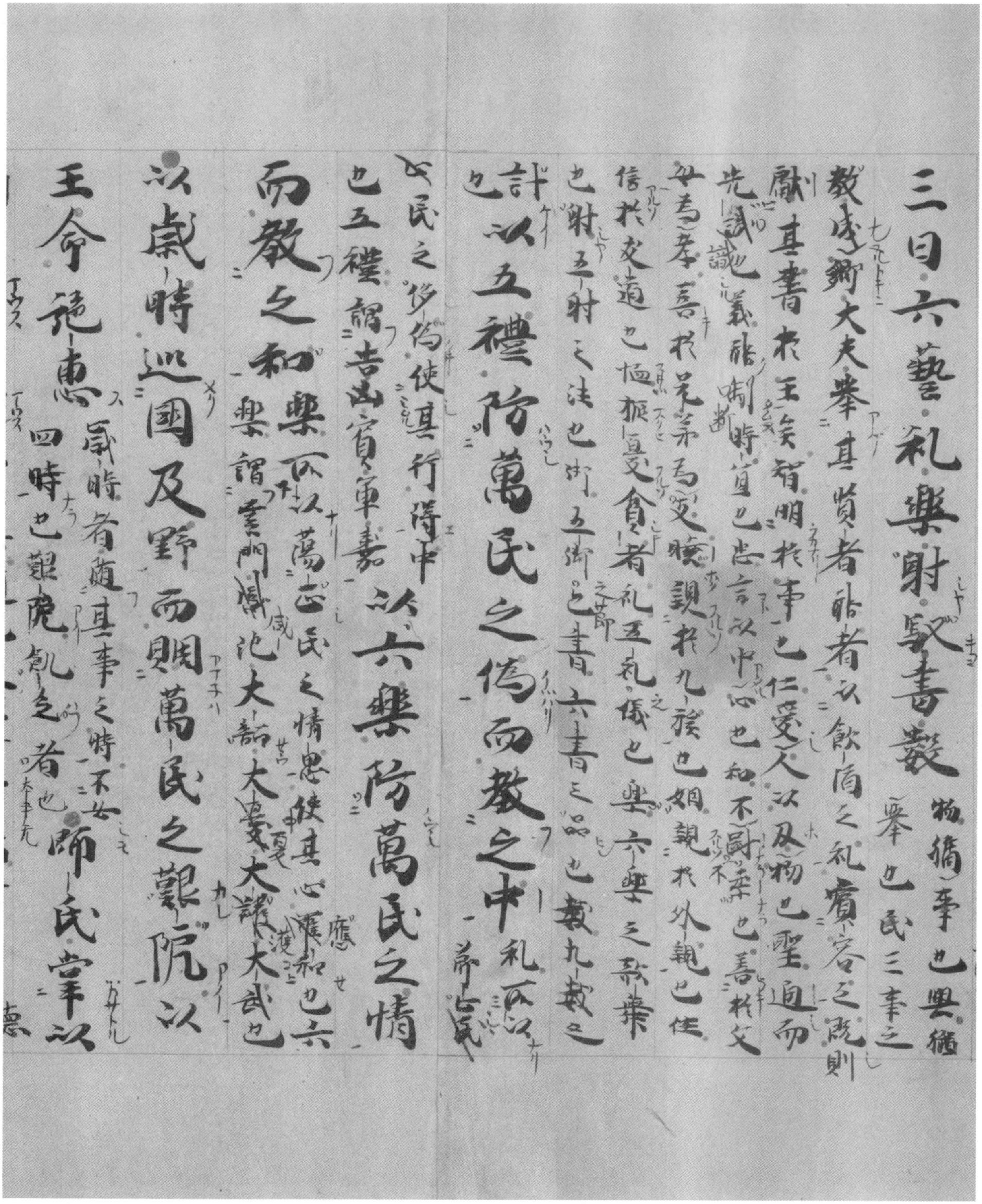
三曰六藝礼樂射馭書數物猶事也興猶舉也民三事之教成則鄉大夫舉其賢者能者以飲酒之礼賓客之既則獻其書於王矣智明於事也仁愛人以及物也聖通而先識也義能斷時宜也忠言以中心也和不剛不柔也善於父母為孝善於兄弟為友睦親於九族也婣親於外親也任信於友道也恤振憂貧者礼五礼之儀也樂六樂之歌舞也射五射之法也御五御之節也書六書之品也數九數之計

以五禮防萬民之僞而教之中礼所以節止民之侈僞使其行得中也五禮謂吉凶賓軍嘉

以六樂防萬民之情而教之和樂所以蕩正民之情思使其心應和也六樂謂雲門咸池大韶大夏大濩大武也

以歲時巡國及野而賙萬民之囏阨以王命施惠歲時者隨其事之時不必四時也囏阨飢乏之者也

師氏掌以

王命施惠　咸時者隨其事之時不失四時也艱阨飢乏之者也　師氏掌以

美詔王　告王以善道也文王世子曰師者教之以事而諭諸悳者也　媺音義大本作

以三悳教國子一曰至悳以為道本二曰敏悳

以為行本三曰孝悳以知逆惡教三

行一曰孝行以親父母二曰友行以尊賢

良三曰順行以事師長　悳行外内之稱也在心為悳施之為行也

至悳中和之悳覆燾持載含容者也敏悳仁義順時者也孝悳尊祖愛親守其所以生者也孔子曰武王周公其達孝矣乎夫孝者善繼人之志善述人之事也　而養國子以道乃教

之六藝一曰五礼二曰六樂三曰五馭

之六藝一曰五礼二曰六樂三曰五䠶

四曰五馭五曰六書六曰九數乃教之六儀

一曰祭祀之容二曰賓客之容三曰朝廷之

容四曰喪紀之容五曰軍旅之容六曰車

馬之容　養國子以道者以師氏之德行審諭之而後教之以藝儀也五䠶白矢参連剡注讓尺井儀也

五馭鳴和鸞逐水曲過君表舞交衢逐禽左也六書象形會意轉注處事假借諧聲也九數方田粟米差分嬴不足

旁要方程今有重差句股也祭祀之容穆々皇々賓客之容嚴恪矜莊朝廷之容濟々蹌々喪紀之容纍

々顛々軍旅之容暨々詻々車馬之容匪々翼々

司救掌凡歲時有天患民病則以節

剡羊冉反　注之樹反　鸞逐作　差初佳反又初宜反　暨其冀反　詻五格反

五射
一曰白矢　疏曰矢在侯而貫侯過見其鏃
二曰參連　疏曰前放一矢後三矢連續而去也
三曰剡注　疏曰謂羽頭高鏃低而去剡剡然
四曰襄尺　疏曰臣与君射不与君並立襄君一尺而退
五曰井儀　疏曰四矢貫侯如井之容儀也
五馭　疏曰馭車有五種
一曰鳴和鸞　疏曰和在式鸞在衡韓詩曰升車則馬動〻〻則鸞鳴〻〻則和應
二曰逐水曲　疏曰三字又出鄭〻意而言謂御車隨逐水勢之屈曲而不墜水也
三曰過君表　疏曰謂若毛傳云褐纏旃以為門裘纏質以為槸間容握驅而入轚則不得入穀梁亦云艾蘭以為防旃以為轅門以葛覆質以為槷流旁握御轚者不得入是也過君表即褐纏旃是也
四曰舞交衢　疏曰衢道也謂御車在交道車旋應於舞節
五曰逐禽左　疏曰謂御驅逆之車逆驅禽獸使左當人君以射之人君自左射故毛傳曰故自左膘而射之達于右腢為上殺又禮記曰佐車止則百姓田獵是也
六書
疏曰[illegible]象形是也象形日月[illegible]可為也

【第五紙】

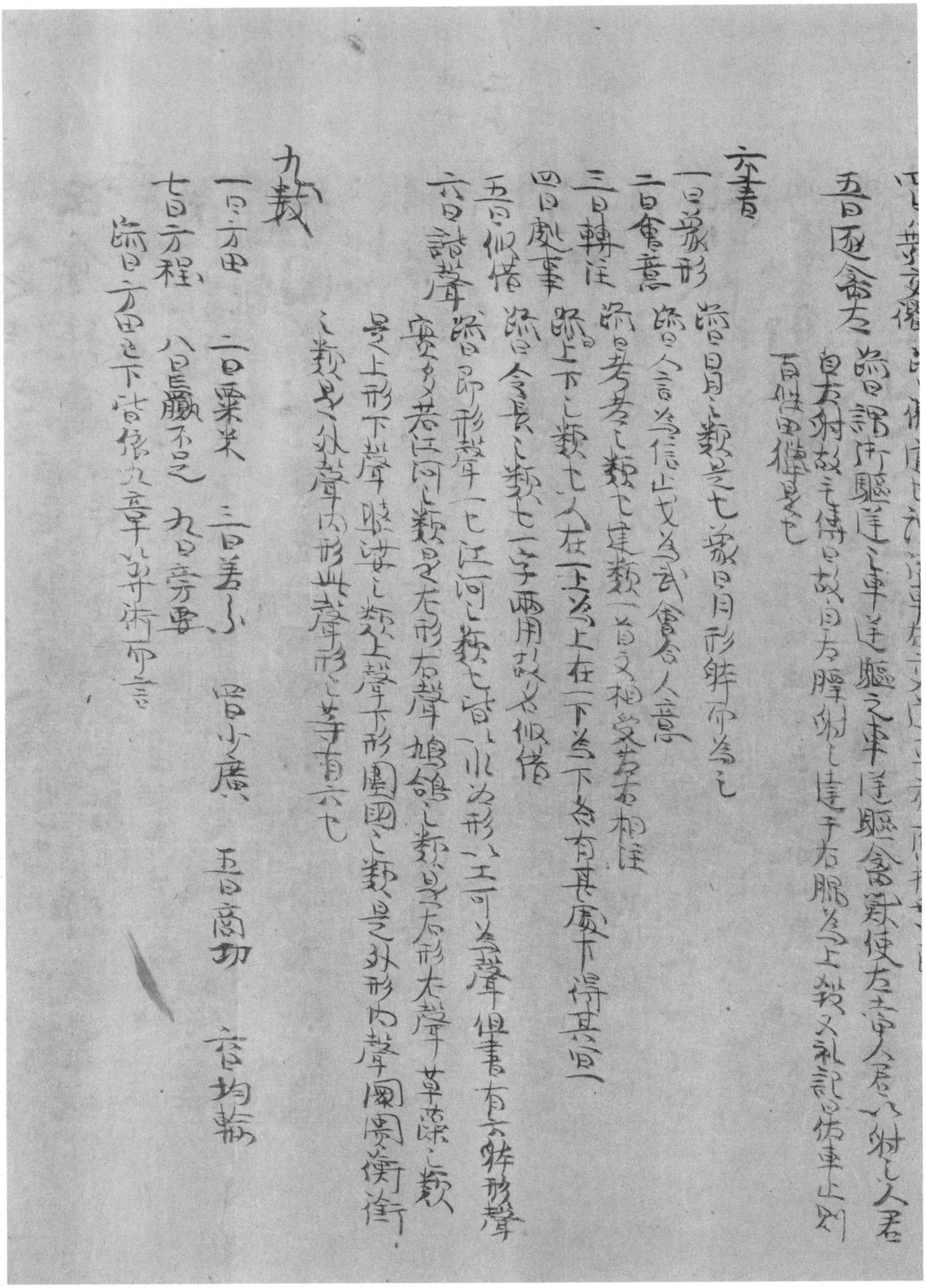

四曰舞交衢 [illegible]
五曰逐禽左　注曰謂御驅逆之車逆驅禽獸使左當人君以射之人君自左射故也傳曰故自左膘射之達于右腢為上殺又禮記曰佐車止則百姓田獵是也
六書
一曰象形　注曰日月之類是也象日月形體而為之
二曰會意　注曰人言為信止戈為武會合人意
三曰轉注　注曰考老之類也建類一首文相受意而相注
四曰處事　注曰上下之類也人在一上為上在一下為下各有其處事得其宜
五曰假借　注曰令長之類也一字兩用故名假借
六曰諧聲　注曰即形聲也江河之類也皆以水為形以工可為聲但書有六體形聲實多若江河之類是左形右聲鳩鴿之類是右形左聲草藻之類是上形下聲婆娑之類上聲下形圃國之類是外形內聲闕闠衡銜之類是外聲內形此聲形之等有六也
九數
一曰方田　二曰粟米　三曰差分　四曰少廣　五曰商功　六曰均輸
七曰方程　八曰贏不足　九曰旁要
注曰方田已下皆依九章以算術而言

【第六紙】

司救掌凡歲時有天患民病則以節

巡國中及郊野而以王命施惠　天患謂災害也節旌節也施惠

鄰也施惠賙恤

春官

大司樂以樂德教國子中和祗庸孝友　中猶忠也

和剛柔適也祗敬也庸有常也　凡日月食四鎮五嶽崩大傀

異災諸侯薨令去樂　四鎮山之重大者也謂會稽山沂山醫無閭霍山也

五嶽岱衡華嵩恒也傀猶怪也大怪異災謂天地奇災若星辰奔霣及震裂為害者也去樂藏之也

大札大凶大災大臣死凡國之

大札大凶大灾大臣死凡國之
大憂令弛縣札疫癘凶年也灾水火也弛釋下之也凡建國
禁其淫聲過聲凶聲慢聲淫聲若鄭衛也過聲
失哀樂之節也凶聲亡國之聲若桑間濮上也慢聲惰慢不恭之聲
夏官大司馬之職掌建邦國之九法以佐
王平邦國平成也正也制畿封國以正邦國
封謂立封於疆為界設儀辨位以等邦國儀謂諸使肅尼
之進賢興功以作邦國作起也起其進善樂業之心
儀建牧立監以維邦國維猶連結制軍詰禁

【第七紙】【第八紙】

建牧立監以維邦國〔維猶連結〕制軍詰禁
以糾邦國〔糾正也〕施貢分職以任邦國
職謂賦税也簡稽鄉民以用邦國也〔稽計〕
〔任猶事也〕均守平則以安邦國〔均謂尊者守大卑者守小也〕比小事
大以和邦國〔比猶親使大國親小國小國事大國〕以九伐之
法正邦國〔諸侯有違王命則出兵征伐而正之也〕馮弱犯
寡則眚之〔眚猶人眚瘦也四面削其地〕賊賢害民則
伐之〔有鍾鼓曰伐以聲其罪〕暴内陵外則壇之
〔空壇之中別立君也〕野荒民散則削之〔田不治民不附則削〕

【第七紙】

【第六紙】

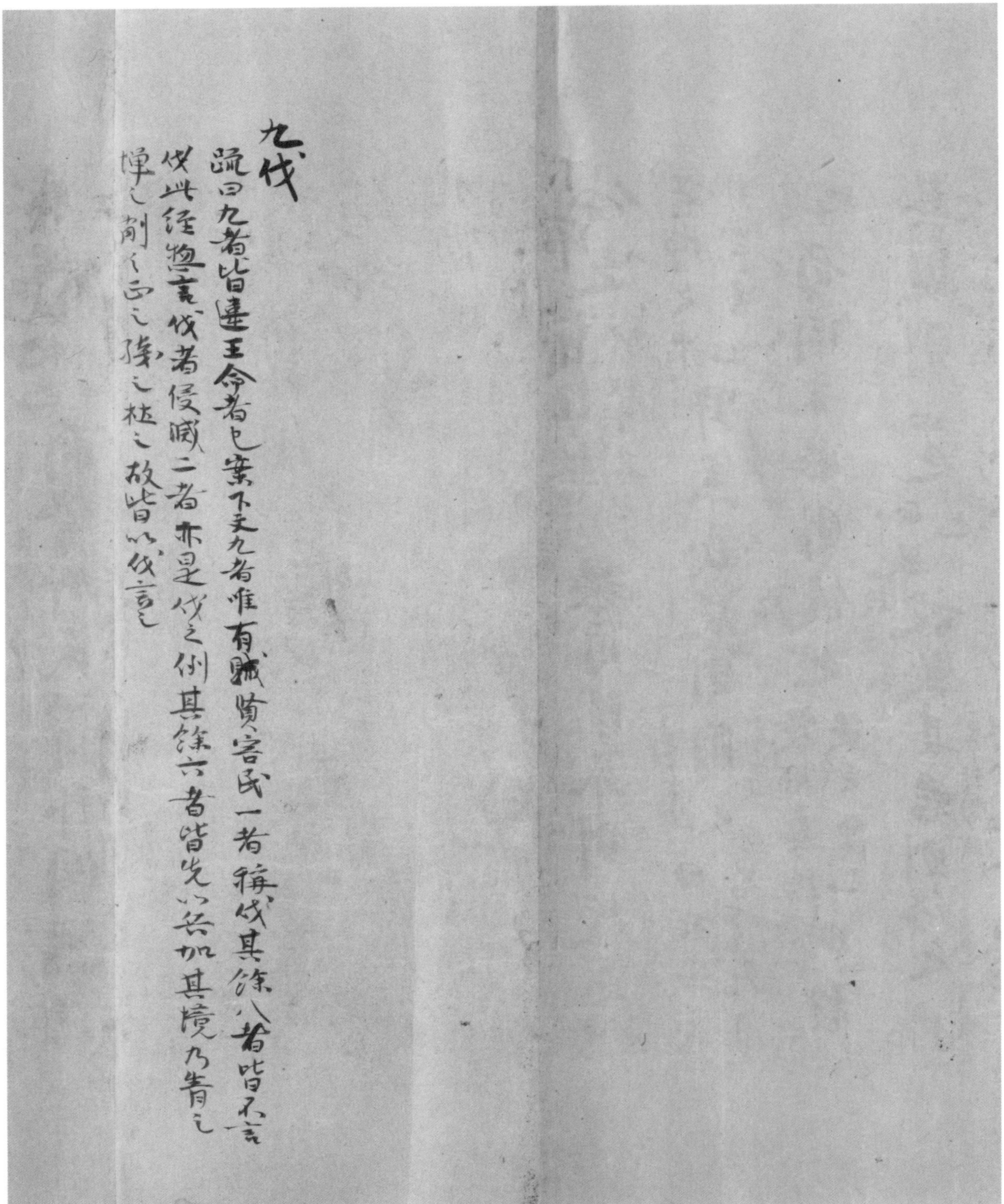
九伐
疏曰九者皆違王命者也案下文九者唯有賊賢害民一者称伐其餘八者皆不言
伐此経惣言伐者侵賊二者亦是伐之例其餘六者皆先以兵加其境乃眚之
壇之削之正之殘之杜之故皆以伐言之

空壇之中別立君也野荒民散則削之田不治民不附則削其地也負固不服則侵之侵用兵淺者侵之而已賊殺其親則正之正殺也放殺其君則殘之殘滅其爲惡者犯令陵政則杜之犯令違命也陵政輕法也杜塞使不得與諸侯通外內亂鳥獸行則滅之仲春教振旅師出曰治兵入曰振旅皆習戰也四時備各教民以其一焉遂以蒐田蒐擇也擇取禽獸不孕者仲夏教茇舍茇舍猶草止舍謂草止之法遂以苗田夏田爲苗擇取禽獸不孕任者猶苗去不秀實者也仲秋教治兵遂以獮田獮猶殺也中殺者多也仲冬教大閱大閱簡

兵遂以獮田（獮猶殺也獮中殺者多也）仲冬教大閲（大閲簡軍實備礼如出軍時）遂以狩田（冬田為狩言守取之無所擇也）

司勲掌等其功（等猶差也以功大小為差等）凡有功者銘書於王之大常祭於大烝（銘之言名也生則書於王旌以識其人与其功也死則於烝先王祭之冬祭日烝王旌畫日月為大常也）凡賞無常軽重視功（無常者功之大小不可豫）

秋官

大司寇之職掌建邦之三典以佐王刑邦國詰四方一日刑新國用軽典（新國者謂闢）

【第九紙】

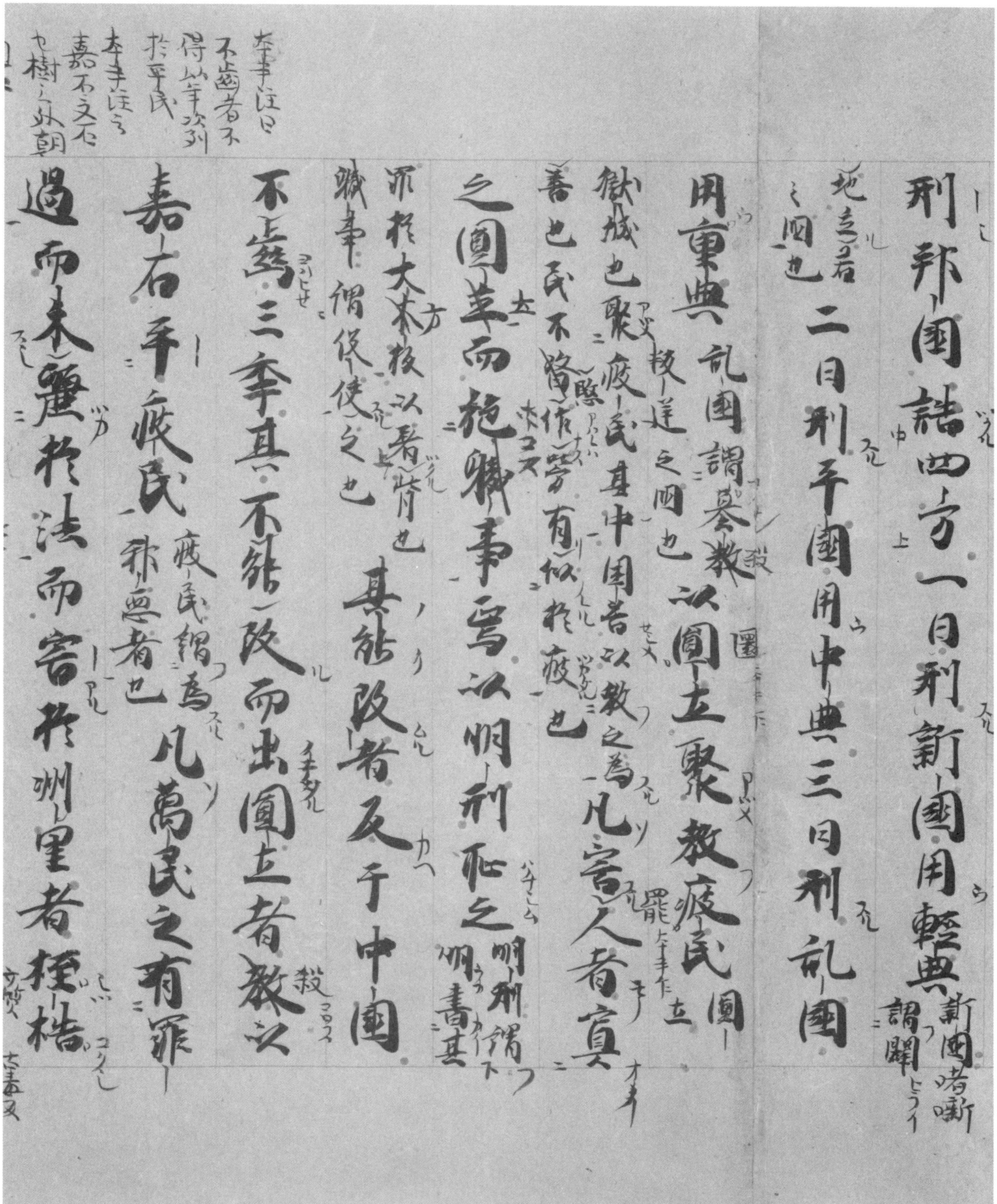

本事注曰不齒者不得以年次列於平民
本事注云嘉石文石也樹之外朝

刑邦國詰四方一曰刑新國用輕典 新國者新辟地立之君之國也
二曰刑平國用中典三曰刑亂國用重典 亂國謂篡弒叛逆之國也
以圜土聚教罷民 圜土獄城也聚罷民其中困苦以教之為善也民不愍作勞有似於罷
凡害人者寘之圜土而施職事焉以明刑恥之 明刑書其罪惡於大方版著其背職事謂役使之也
其能改者反于中國不齒三年其不能改而出圜土者殺以
嘉石平罷民 罷民謂邪惡者也
凡萬民之有罪過而未麗於法而害於州里者桎梏

嘉石文石也樹之外朝門左

疏曰肺屬金金色赤肺亦赤故知肺石是赤石也欲使之坐赤石者使之赤心不妄告也

過而未麗於法而害於州里者桎梏
而坐諸嘉石役諸司空州里任之則宥
而舍之 有罪過謂邪惡之人所罪過者也麗附也未附於法未著於法也役諸司空坐日訖
使給百工之役役訖使其州里之人任之也 以肺石達窮民 肺石赤石窮民天民之窮而無告者
凡遠近惸獨老幼之欲有復於
上而其長弗達者立於肺石三日士聽
其辭以告於上而罪其長 復猶白也長謂諸侯及其屬吏
凡命夫命婦不躬坐獄訟 命夫謂丈夫也命婦謂大
夫妻也若有罪不自身坐使其屬及其子弟也 凡王之同族有罪不

【第十紙】

夫妻也若有罪不自身坐使其屬及子弟也凡王之同族有罪不
即市刑於甸師氏也以五聲聽獄訟求民情一
曰辭聽辭不直則煩也二曰色聽色不直則赧也三曰氣
聽氣不直則喘也四曰耳聽耳不直則惑也五曰目聽目不直則眊然也
以八辟麗邦法附刑罰辟法也麗附也一曰
議親之辟若今時宗室有罪先請是也二曰議故之辟故謂舊也
三曰議賢之辟若今時廉吏有罪先請是也四曰議能之辟
能謂有道藝者五曰議功之辟謂有大勳力立功者六曰議貴之
辟若今時吏墨綬有罪先請是也七曰議勤之辟謂憔悴事國皆

年若今時吏墨綬有罪先請是也七曰議勤之辟謂憔悴以事國者

八曰議賓之辟謂所不臣者三恪二代之後司刺掌三

刺三宥三赦之法以贊司寇聽獄訟

刺殺也訊三問之然後殺一刺曰訊群臣再刺曰訊群

吏三刺曰訊萬民訊言問也壹宥曰不識再宥

宥曰過失三宥曰遺忘不識謂愚民無識也宥寬也

壹赦曰幼弱再赦曰老耄三赦曰憃愚

憃愚生而癡騃也戇謂究且邪也以此三法者求民情然後

刑殺。

海曰春秋襄廿五年傳云虞閼父為周陶正而封諸陳以備三恪之言鄭注禮記云尊賢不過二代之謂歟鄭云三恪二代之後

騃五駭反又五哀反又咕在反

槁苦報反　襘古會

在野在外　清本作在野外

刑殺。

小行人職若國札喪則令賻補之賻喪家補

其不足若國之凶荒則令賙委之委輸也若

國師役則令槁襘之槁勞也合助相振為會若國有

福事則令慶賀之若國有禍灾則

令喪弔之掌客職凡禮賓客國新

殺礼凶荒殺礼札喪殺礼禍灾殺礼在

野外殺礼殺減也國新〻建國也凶荒無年也札喪疫癘也禍灾新有兵寇及水火也

在野外軍行也

【第十一紙】

在野外 單行也

周書

文傳解 天有四殃水旱饑荒其至無時非務積

聚何以備之夏箴曰小人無兼年之食

遇天饑妻子非其有也大夫無兼年之

食遇天饑臣妾輿馬非其有也國無

兼年之食遇天饑百姓非其百姓也

戒之哉不思禍咎無日矣 言不遠也 明開塞禁

舍者其取天下如化 變化之頓 言其疾 天下 不明開塞

舍者其取天下如化（變化之頓）不明用褻
禁舍者其失天下如化（天下不明謂言其疾）無疆勝人
疆勝天（勝天勝有天命）能制其有者能制人
之有不能制其有者人制之令行禁
止王之始也
官人
貴富者觀其施（有禮）貧窮者觀其有惠（德）
守嬖寵者觀其不驕奢隱約者觀其
不懾其少者觀其恭敬好學而能弟

【第十二紙】

懾其少者觀其恭敬好學而能弟
弟其壯者觀其絜廉務行而勝其私
其老者觀其思慎彊其所不足而不踰父子
之間觀其慈孝兄弟之間觀其和友君臣
之間觀其忠惠鄉黨之間觀其信誠
設之以謀以觀其智示之以難以觀其
勇煩之以事以觀其治臨之以利以觀
其不貪臨之以樂以觀其不荒喜之
以觀其輕怒之以觀其重醉之以觀其

以觀其輕怒之以觀其重難之以觀其失從之以觀其常遠之以觀其不貳昵之以觀其不狎復其徵言以觀其精曲省其行以觀其備此之謂觀誠

芮良夫解　厲王失道芮伯陳誥作

芮良夫若曰予小臣良夫稽首謹告天子惟民父母致厥道無遠不服無道左右臣妾乃違（道謂惪敎違敎之）民歸于惪惪則民戴否惪民讎茲允効于前斯不遠（信驗於前世不遠也）

龕（玉篇曰受也苦含反）

惪民讎茲允効于前斷不遠（信驗於前世不遠也）

商紂弗改夏桀之虐肆我有周有家

（桀紂行惡賊以為戒也）嗚呼惟爾天子嗣文武之業

惟爾執政小子同先王之臣昏行罔顚

道王不若（同謂從同也昏闇也言教王為不順）專利作威佐

亂進禍民將弗龕（專利侵亂進於善也）治亂信于

其行惟王暨爾執政小子攸聞（行善則治惡則）

（乱背聞知也）古人求多聞以監戒弗聞是惟弗知

（言古人不聞故有所不知也）爾聞爾知弗改厥度亦惟艱

【第十三紙】

言古人不聞故有所不知也尒聞尒知弗改厥度亦惟艱
哉知而不改言行始竹故曰難也夫后除民害不惟害民
害民乃非后惟其讎是之無民民為惡讎也民至億兆
后一而已寡弗敵衆后其殆哉言上下無義對共相怨則寡者
危也烏虖野禽馴服于人家畜見人而奔非禽
畜之性實惟人民亦如之人養之故擾服雅家也畜不養則畏人雖治民亦
然也今爾執政小子惟以貪諛事王專利為貪而促
為諛不對以備難下民胥怨財單力竭手足
靡措弗堪戴上不其亂而言民相与怨上如之何民不堪命

偷 玉篇曰佻也謂苟且

靡攜弗含龍戴上不其乱而 言民相与怨上々不堪命

乱也 惟禍發於人之攸忽咎起於人攸

輕心不存焉變之攸伏 言人所輕忽則禍之所起 尒執政小

子弗圖大艱偷生苟安爵以賄成 苟安無遠慮則賄成不從德

賢者柑口小人鼓舌逃害要利並得厥求惟

曰哀哉 賢者隱默以逃害小人佞諂以要利各得其求故君子為之哀也 我聞曰以

言取人々飾其言以行取人々竊其行飾言

庸媢行有成惟尒小子飾言事王實蕃有徒

尒自謂有餘余謂尒不足敬思以明德備乃

【第十四紙】

尒自謂有餘余謂尒不足致思以明悳備乃

禍難 言其不足於道 禍字一作禍義也以周乃亡也 難至而悔之將妄及

○—春秋外傳國語

周語

景王廿一年將鑄大錢單穆公曰不可古者

天災降戾 降下也戾至也災謂水旱螟蝗之属 於是乎量資幣

權輕重以振救民 量猶度也資財也權平也振拯也 民患輕

則為之作重幣以行之 民患輕而物貴則作重以行其輕 於是

乎有母權子而行民皆得 重曰母輕曰子貿物物輕則子獨行物重

【第十五紙】

乎有毋權子而行民皆得（重曰毋輕曰子貨物物輕則子獨行物重則以毋權而行之也子毋相權民皆得其欲也）若不堪重則多作輕而行之亦不廢重於是乎有子權毋而行小人利之（堪任也不之任者幣重物輕妨其用也故作輕幣雜而用也之以重者貿其貴以輕者貿其賤也子權毋者不足則以平之而行之也故錢小大臣皆以為利也）今王廢輕而作重民失其資能無遺乎（而作重則本竭而末寡也故民失其資）若遺王用將有所乏（民財遺盡以給上故王用將乏也）乏則將厚取於民（厚取厚斂也）民不給將有遠志是離民也（給供也遠志逃也）且夫備有未

將有遠志，是離民也。給，佚也。遠志，遁逃也。且夫備有未至而設之，備，國備也。未至而設之，謂備豫不虞，安不忘危。有至而後救之，至而救之，謂若救火療疾，量資幣，平輕重之屬。是不相入也。二者先後各有宜，不相入，不相為用。可先而不備，謂之怠；怠，緩也。可後而先之，謂之召災。謂民未患輕而重之，離民遺財，是為召災。周固羸國也，天未厭禍焉，而又離民以佐災，無乃不可乎？言周故已為羸病之國，天降禍災未厭。將民之與處而離之，將災是備禦而召之，則何以經國？君以善政為經，臣奉而成之為肆也。國無經，何以出令？令之不從，上之患也，故聖王

【第十六紙】

之為肆也國無經何以出令令之不從上之患也故聖王
樹慝於民以除之樹立也除去也令不從之患也絕民用以實王府
絕民用謂廢小錢鐵而鑄大也猶塞川原為潢汙也其竭也無
日矣大曰盡小曰竭盡也无日无日數也若民離財匱災至備亡
王其若之何備亡無救災之備也王弗聽廿三年王將鑄
無射無射鐘名律中無射單穆公曰不可作重幣以絕民資
又鑄大鐘以鮮其繼鮮寡也寡其繼者用物過度妨於財也若積
聚既喪又鮮其繼生何以殖積聚既喪謂廢小錢也生財也殖長也
今王作鐘也無益於樂而鮮民財將焉用之

今王作鍾也無益於樂而鮮民財將焉用之
夫樂不過以聽耳而美不過以觀目若聽樂
而震觀美而眩患莫甚焉夫耳目心之樞機也
樞機發動也心有所欲耳目發動也故必聽和而視正聽和則聰視
正則明習於和正則不眩惑也聽則言聽明則意生聽言
昭意民歆而意之則歸心焉歆猶歆〻喜服也言發意教是
以作無不濟求無不獲然則能樂夫耳納
和聲而口出美言耳聞和聲則口有美言此感於物也以爲憲令憲法也
而布諸民〻以心力行之不倦成事不貳樂

【第十七紙】

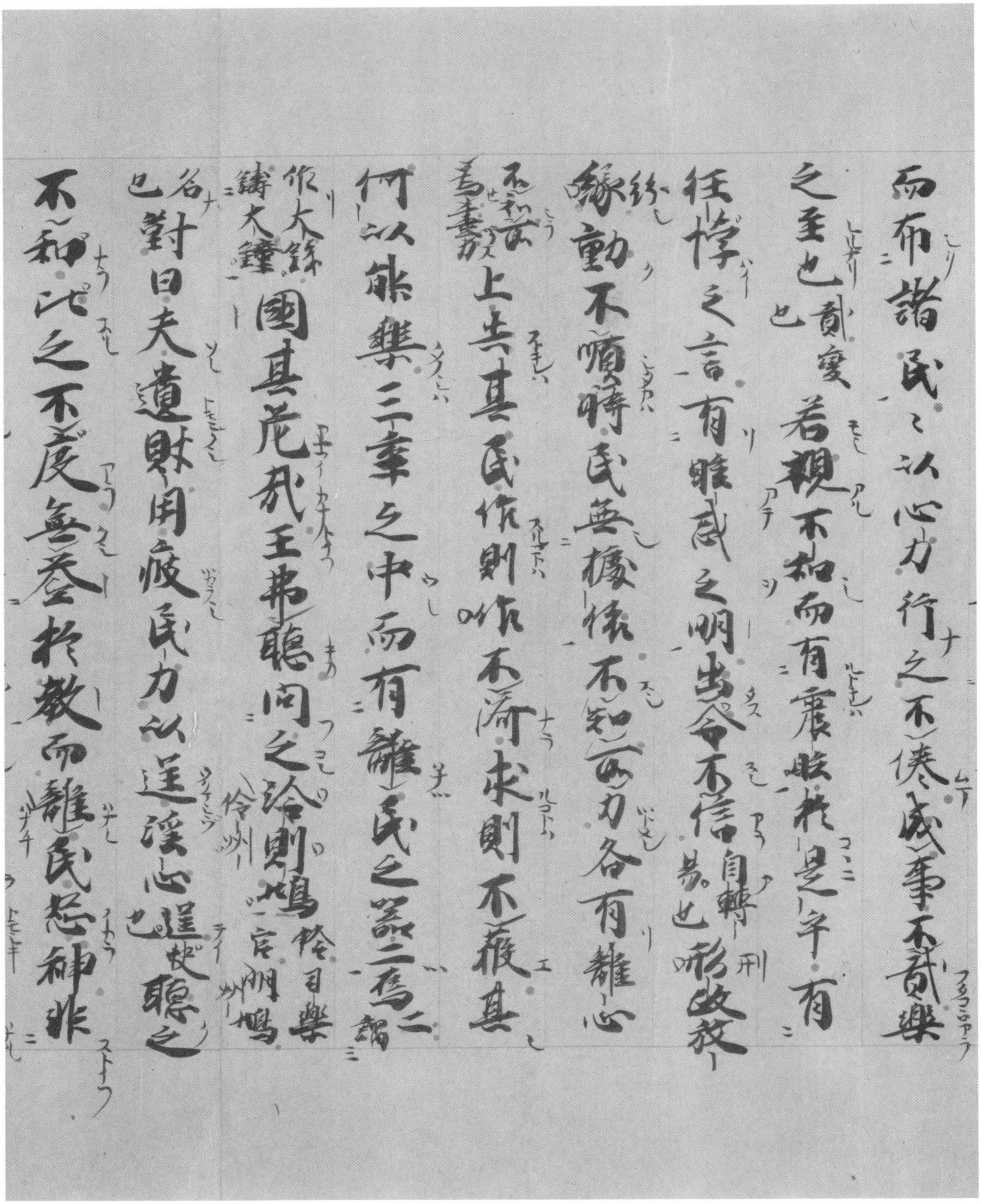

而布諸民以心力行之不倦成事不貳樂
之至也貳變也若視不知而有震眩於是乎有
狂悖之言有眩惑之明出令不信自轉易也形政放
紛動不順時民無據依不知所力各有離心
不知所爲盡力上失其民作則不濟求則不獲其
何以能樂三年之中而有離民之器二焉謂
作大錢鑄大鐘國其危哉王弗聽問之泠州鳩伶司樂官州鳩
名也對曰夫遺財用疲民力以逞淫心逞快也聽之
不和比之不度無益於教而離民怒神非

不和比之不度無益於教而離民怒神非
臣之所聞也王不聽卒鑄大鐘 財遺故民離 樂不和神怒故
怒也 廿四年鐘成伶人告和 伶人樂人 王謂伶州鳩曰鐘
果和矣對曰未可知也 州鳩以為鐘實不和伶人 媚王謂之和故曰未可知也
王曰何故對曰上作器民備樂之則為和 言聲
音之道与 今財亡民疲莫不怨恨臣不知其
政 通也 亂世之音怨以怒 故曰不知其和
咊也 且民所曹好鮮其不濟 曹羣也
也 其所曹惡鮮其不廢諺曰眾心成城 眾心 所好
莫之能敗 其固如城 眾口鑠金 鑠消也眾口所毀 雖金石猶可消 今三年之

莫之能敗其固如城衆口鑠金鑠消也衆口所毀雖金石猶可消今三年之
中而害金再興焉害金害民之金謂鑄鐘也懼一之廢也
二金中其一若廢也王曰尓老耄矣何知廿三年王崩
鐘不和王崩而言不和明樂人之諛

晉語

武公伐翼殺哀侯止欒共子曰苟無死共子
晉大夫共叔成也吾以子為上卿制晉國之政辭曰
成聞之民生於三事之如一三君父師也如一服勤至死也父生之
師教之君食之食謂祿也唯其在則致死焉在君父為

【第十八紙】

師教之君食之（食謂禄也）唯其在則致死焉（在君父為之）
（君父在卿為師也）人之道也臣敢以私利廢人之道
（謂不死為）君何以訓矣（無以教為忠也）從君而貳君焉
（上卿也）用臣（貳心也）遂鬬而死
文公問於郭偃（郭偃卜偃）曰始也吾以治國為易
（治也）今也難對曰君以為易其難也將至矣（以為）
（易而輕忽之故其難將至）君以為難其易也將至矣（以為難而勤脩之故其易）
（將至）趙宣子言韓獻子於靈公以為司馬（宣子趙盾也）
（獻子韓厥也）河曲之役趙孟使人以其乘車

獻子韓厥也曰 司馬掌軍大夫也 何曲之役趙孟使人以其乘車
干行 干犯也 行軍列也 獻子執而戮之宣子召而禮
之曰吾聞事君者比而不黨 比之義也 阿私曰黨 夫周
以舉義比也 忠信曰周 舉以其私黨也夫軍事有（與）
犯無犯之而不隱義也 在公為義 吾言汝於君懼汝
不能也舉而不能黨孰大焉 執私為黨 事君而黨吾
何以從政勉之苟從是行也 勉之勸汝其志 是行令而行也 臨
長晉國者非汝其誰 臨監也 長帥也 皆告諸大夫曰
二三子可以賀我矣吾舉厥也而中吾乃

【第十九紙】

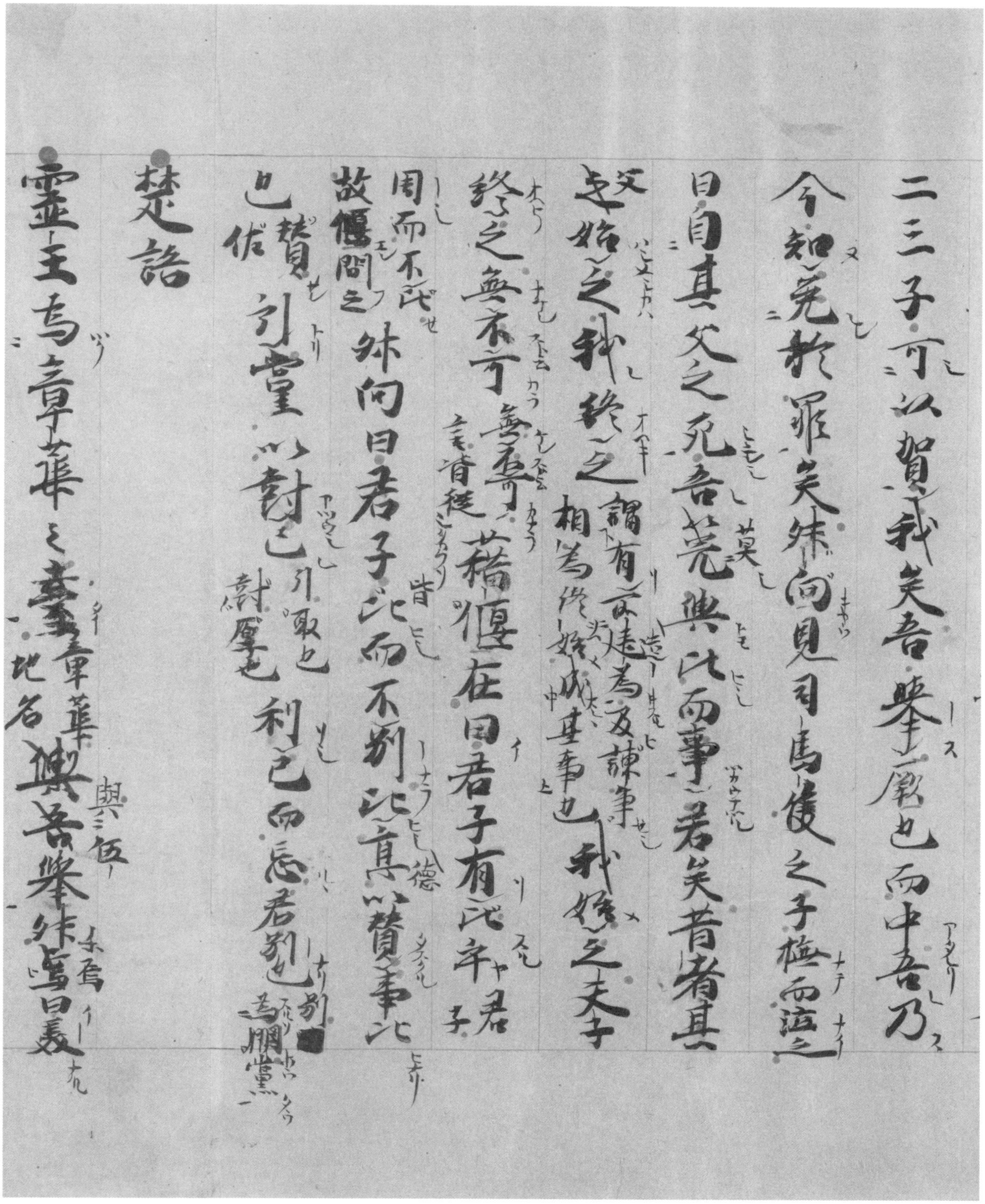

二三子可以賀我矣吾舉厭也而中吾乃
今知免於罪矣叔向見司馬侯之子撫而泣之
曰自其父之死吾莫與比而事君矣昔者其
父之始之我終之（謂有所建為及諫事）我始之夫子
終之無不可籍偃在側曰君子有比乎
（周而不比故偃問之）叔向曰君子比而不別比德以贊事比
也（贊佐）引黨以封己（引取也封厚也）利己而忘君別也（別為朋黨）

楚語

靈王為章華之臺（章華地名）與伍舉升焉曰臺美夫

靈王為章華之臺〈章華地名〉與舉升焉曰美

夫對曰臣聞國君服寵以為美〈服寵謂以賢受寵服以之為美〉

安民以為樂〈以能安民為樂〉聽意以為聰〈用有意也〉致遠

以為明〈能致遠人〉不聞其以土木之崇高彫鏤

為美〈彫謂丹楹鏤刻桷也〉先君莊王為匏居之臺〈匏居臺名〉

高不過望國氛〈氛氣也〉大不過容宴豆〈言宴

有折俎籩豆之陳〉木不妨守備〈不妨城郭守備之林〉用不煩官府〈財用不出

府藏也〉民不廢時務官不易朝常先君是

以除亂克敵而無惡於諸侯今君為此

〈祲周礼鄭注曰一陰陽氣相侵漸成祥者大傳枝注曰妖氣也〉

以陰乱克敵而無惡於諸侯今君爲此
臺也國民疲焉財用盡焉年穀敗焉敗廢其時
務也百官煩也爲之殺茇數年乃成臣不知其美也
夫美也者上下外内小大遠近皆無害焉
故曰美也若於目觀則美於目則美意則不也財用則
遺是聚民利以自封而瘠民也胡美之爲
封厚也胡何也何以爲美夫君國者將民之与處民實瘠
君安得肥安得獨肥言將有患故先王之爲臺榭也積土
爲臺無室曰榭榭不過講軍實講習也軍實戎士也臺不過望

【第二十紙】

磽确　說文　磐石也

爲臺（室曰榭）樹不過講軍實（講習也軍實戎士也）臺不過望氣祥（凶氣爲氛吉氣爲祥）其所不奪穡（稼穡之地）其爲不遺財用（爲作也）其事不煩官業（事也）其日不敗時務（以農隙也）瘠磽之地於是乎爲之（不容也）穀立也（磽确）城守之木於是乎用之（城守餘鍾然後用之）官寮之暇於是乎臨之（暇閒也）四時之隟於是乎成之（隟空閒時）夫爲臺樹將以教民利也（臺所以望氣祥而備灾害樹所以講軍實而禦寇亂皆所以利民也）不知其以遺之也（知播聞也）若君謂此美而爲之正（以爲美之得其正也）楚其殆

知禍罰也若君謂此美而爲之正以爲之得幸正也楚其殆
矣殆危也鬪且廷見令尹子常鬪且楚大夫子常囊瓦子常
与之語問蓄貨聚馬歸以語其弟曰楚其
亡乎不然令尹其不免乎吾見令尹令尹問蓄
聚積實如餓豺狼貪財也殆必亡者昔鬪子
文三舍令尹無一日之積恤民之故也積儲也
成王每出子文之祿必逃王止而後復人謂子
之文日人生求富而子逃之何也對曰夫從政者
以庇民也庇覆也民多曠者而我取富焉曠空也是勤

【第二十一紙】

以辰民也〔辰，憂也〕民多曠者而我取富焉〔曠，空也〕是勤民以自封也〔勤，勞也。封，厚也〕死無日矣我逃死非惡富也故莊王之世滅若敖氏唯子文之後在至于今為楚良臣是不先恤民而後己之富乎今子常先大夫之後也〔先大夫，子囊也〕而相楚君無令名於四方四境盈壘〔盈，滿也。壘，壁也。言壘壁滿四境之門〕道殣相望是之不恤而蓄聚不厭其速怨於民多矣積貨滋多蓄怨滋厚不亡何待期年子常奔鄭王孫圉聘於晉〔王孫圉，楚大夫也〕定公饗

娛 此字不審也

子常奔鄭 王孫圉聘於晉 王孫圉楚大夫也 定公饗
之趙簡子相問於王孫圉曰楚之白珩猶在
乎 珩佩上之横者 對曰然簡子曰其為寶也幾何矣
幾何世也 曰未嘗為寶楚之所寶者曰觀射父
言以賢為寶也 能作訓辭以行事於諸侯 言以訓辭交結諸侯也
使無以寡君為口實 口實毀弄也 又有左史倚相能
道訓典以敘百物 敘次也物事也 以朝夕獻善敗于
寡君無忘先王之業又能上下說于鬼神
悅娛也 使神無有怨痛于楚國 痛疾也 又有雲

悅媍使神無有怨痛于楚國（痛疾也）又有雲

夢曰金木竹箭之（所生也）楚有雲夢藪澤名也龜珠

齒角皮革羽毛所以備賦以戒不虞者

也龜（所以備吉凶）珠（所以禦火災）角（所以為弓弩）齒（所以為弭）賦（兵賦也）所以供幣帛

以享於諸侯也享獻寡君其可以免罪於諸

侯而國民保焉保安也此楚國之寶也若夫

白珩先王之玩也何寶焉（玩弄之物也）

韓詩外傳

楚莊王聽朝罷晏樊姬下堂而迎之曰何罷

【第二十二紙】

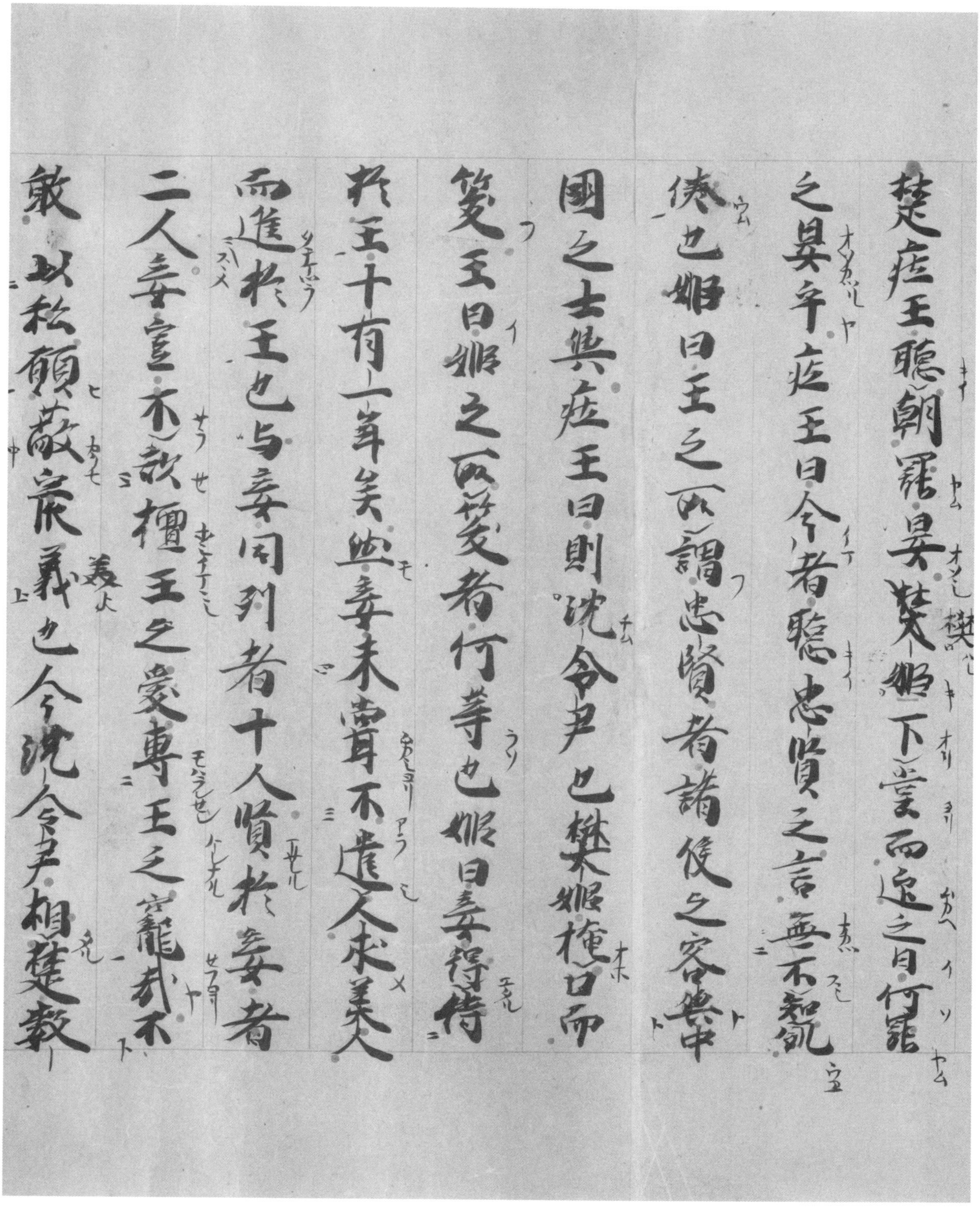
楚莊王聽朝罷晏樊姬下堂而迎之曰何罷
之晏乎莊王曰今者聽忠賢之言無不知飢
倦也姬曰王之所謂忠賢者諸侯之客歟中
國之士與莊王曰則沈令尹也樊姬掩口而
笑王曰姬之所笑者何等也姬曰妾得侍
於王十有一年矣然妾未嘗不遣人求美人
而進於王也與妾同列者十人賢於妾者
二人妾豈不欲擅王之愛專王之寵哉不
敢以私願蔽衆義也今沈令尹相楚數

撅 居越反 說文云 手有所把也

汨 古沒反 汨ゝ沒又 為筆反

敝以私願蔽衆義也今沈令尹相楚數
年矣未嘗見進賢而退不肖也又焉得為忠
賢乎莊王以樊姬之言告沈令尹令尹進孫
叔敖治楚三年而楚國霸樊姬之力也
高牆豐上激下未必崩也降雨興流潦至
則崩必先矣草木根荄淺未必撅也飄風
興暴雨墜則撅必先矣君子居是國也不崇
仁義尊其賢臣以理萬物未必亡也一旦有非
常之變諸侯交爭人趍車馳汨然禍至方

【第二十三紙】

汨古沒反又爲筆反水流也

常之憂諸侯交爭人趨車馳汨沒無至方
始慈憂乾喉焦脣仰天而歎庶幾乎望天
之救也亦晚乎田饒事魯哀公而不見
察謂哀公曰臣將去君黃鵠舉矣哀公曰
何謂也田饒曰君獨不見夫雞乎首戴冠
者文也足傳距者武也敵在前敢鬭者勇
也見食相告者仁也守夜不失時者信也
雞有此五德君猶日瀹而食之者何也則
以其所從來者近也夫黃鵠一舉千里止君

以其所從來者遠也夫黄鵠一擧千里止君園池食君魚鼈啄君黍粱无此五者君猶貴之者何也以其所從來者遠也臣將去君黄鵠擧矣哀公曰止吾書子之言也田饒曰臣聞食其食者不毀其器蔭其樹者不折其枝有臣不用何書其言爲遂去之燕燕以爲相三年燕政大平哀公喟然大息爲之避寢三月曰不愼其前而悔其後何可復得孔子曰士有五有埶尊貴者有

仍不復得孔子曰士有五有執尊貴者有
家富厚者有資勇悍者有心智慧者有
貌美好者有執尊貴不以愛民行義理
而反以暴傲家富厚不以振窮救不足而反
以侈靡無度資勇悍不以衛上攻戰而
反以侵陵私鬭心智惠不以端計數而反以
事姦飾詐貌美好不以統朝莅民而反以
蠱女從欲此五者所謂士失其美質也
原天命治心術理好惡適情性而治道畢

【第二十四紙】

原天命治心術理好惡適情性而治道畢
矣原天命則不惑禍福不惑禍福則動靜
脩理矣治心術則不妄喜怒不妄喜怒則
賞罰不阿矣理好惡則不貪無用不貪無
用則不以物害性矣適情性則欲不
過節欲不過節則養性知足矣凡四
者不求於外不假於人反諸己而已矣
天設其高日月成明地設其厚而山陵
成居上設其道而事得序人有六情失

【第二十五紙】

成居上設其道而事得序人有六情失
之則亂從之則睦故聖王之教其民也必
因其情而節之以禮必從其欲而制之以義
義簡而備禮易而法去情不遠故民之從命也速
智如原泉行可以為表儀者人師也智可以砥礪行可以
為輔弼者人友也據法守職而不敢為非者人吏
也當前快意一呼再諾者人隸也故上主以師為
佐中主以友為佐下主以吏為佐危亡之主以隸
為佐欲觀其亡必由其下故同明者相見同聽

爲佐欲觀其臣之由其下故同明者相見同聽
者相聞同志者相從非賢者無能用賢故輔
佐左右所任使有存亡之機得失之要也可无
慎乎昔者不出戶而知天下不窺牖而知天道者
非目能見乎千里之前非耳能聞乎万里之外以
己之度之也己之情量之也己欲衣食焉亦知天
下之欲衣食也己欲安逸焉亦知天下之欲安逸
已己有好惡焉亦知天下之有好惡也此三者
聖王之所以不降席而匡天下者也故君子之

【第二十六紙】

聖王之所以不降席而匡天下者也故君子之
道心嗜而已矣夫飢渴苦血氣寒暑動肌膚此四
者民之大害也大害不除未可教御也四體不掩則
鮮仁人五藏空虛則無立士百姓內不乏食外不惡
寒乃可御以禮矣藍有青絲假之青於藍地
有黃而絲之黃於地藍青地黃猶可假也仁義
之士可假乎哉東海之魚名曰鰈比目而行北方有
獸名曰婁更食更候南方有鳥名曰鶼比翼而飛
夫鳥獸魚猶相假而況萬乘之主乎而獨不知

夫鳥獸魚鼈猶知假而況万乘之主乎而獨不知
託假天下之雄英俊士與之爲伍則豈不難哉故
曰以明扶明則升于天以明扶闇則歸其人兩瞽
相扶不觸墻木不陷井穽則其幸也禍生於无
爲而患生於多欲故知足然後富從之德宜君人
然後貴從之故貴爵而賤德者雖爲天子不
貴矣貪物而不知止者雖有天下不富矣夫天地
之生物不益山澤之出財有盡懷不富之心
而求不益之物挾百倍之欲而求有盡之財

【第二十七紙】

而犯不養之物扶百倍之欲而求有盡之財
是桀紂之所以失其位也古者有命民有
能敬長憐孤取舍好讓居事力者命於其君
命然後得乘飾車駢馬未得命者不得乘
乘皆有罰故其民雖有餘財侈物而无禮義
功悳則无所用其餘財物故其民皆興仁義而
賤財利賤財利則不争々則強不凌弱衆不
暴寡是唐虞之所以象典刑而民莫犯法民莫
犯法而亂斯止矣趙王使人於楚鼓瑟而遣之

絶法而亂離心矣趙王使人於楚鼓瑟而遣之
曰必如吾言慎無失吾言使者受命伏而不
起曰大王鼓瑟未嘗若今日之悲也王曰然瑟
固方調使者曰調則可記其柱王曰不可天
有燥濕絃有緩急柱有推移不可記也使
者曰臣請借此以喩楚之去趙也千有餘里亦
有吉凶則弔之吉則賀之猶柱之有推移不
可記也故明王之使人也必慎其所使既使之
任之以心不任以辭也

任之以心不任以辭也
趙簡子有臣曰周舍立於門下三日三夜簡
子使問之曰子欲見寡人何事周舍對曰願
為愕愕之臣墨筆操牘從君之過而日有記
也月有成也歲有效也簡子居則与之居出則
与之出居無幾何而周舍死簡子後與諸大
夫飲於洪波之臺酒酣簡子涕泣諸大夫
謝出走曰臣有罪而不自知也簡子曰大夫無
罪昔者吾友周舍有言曰千羊之皮不若一狐

【第二十八紙】

罪昔者吾友周舍有言曰千羊之皮不若一狐
之腋衆人之唯々不若直士之諤々者紂
默々而亡武王諤々而昌今自周舍之死未
嘗聞吾過也吾亡無日矣是以寡人泣也
晉平公遊於河而樂曰安得賢士與之樂此
也船人蓋胥跪而對曰主君亦不好士耳夫珠
出於江海玉出於崑山無足而至者猶主君之
好之也士有足而不至者蓋主君無
好士之意耳何患於無士乎平公曰吾食客

好士之意耳何患於無士乎平公曰吾食客
門左千人門右千人朝食不足夕收市賦
暮食不足朝收市賦吾可謂不好士乎
盍胥對曰夫鴻鵠一舉千里所恃者
六翮耳背上之毛腹下之毳益一把飛不
為加高損一把不為加下今君之食客將
背上之毛腹下之毳耳詩曰謀夫孔多是用
不就此之謂也宋燕相齊見逐罷歸之舍
召門尉陳饒等廿六人曰諸大夫有能與我

【第二十九紙】

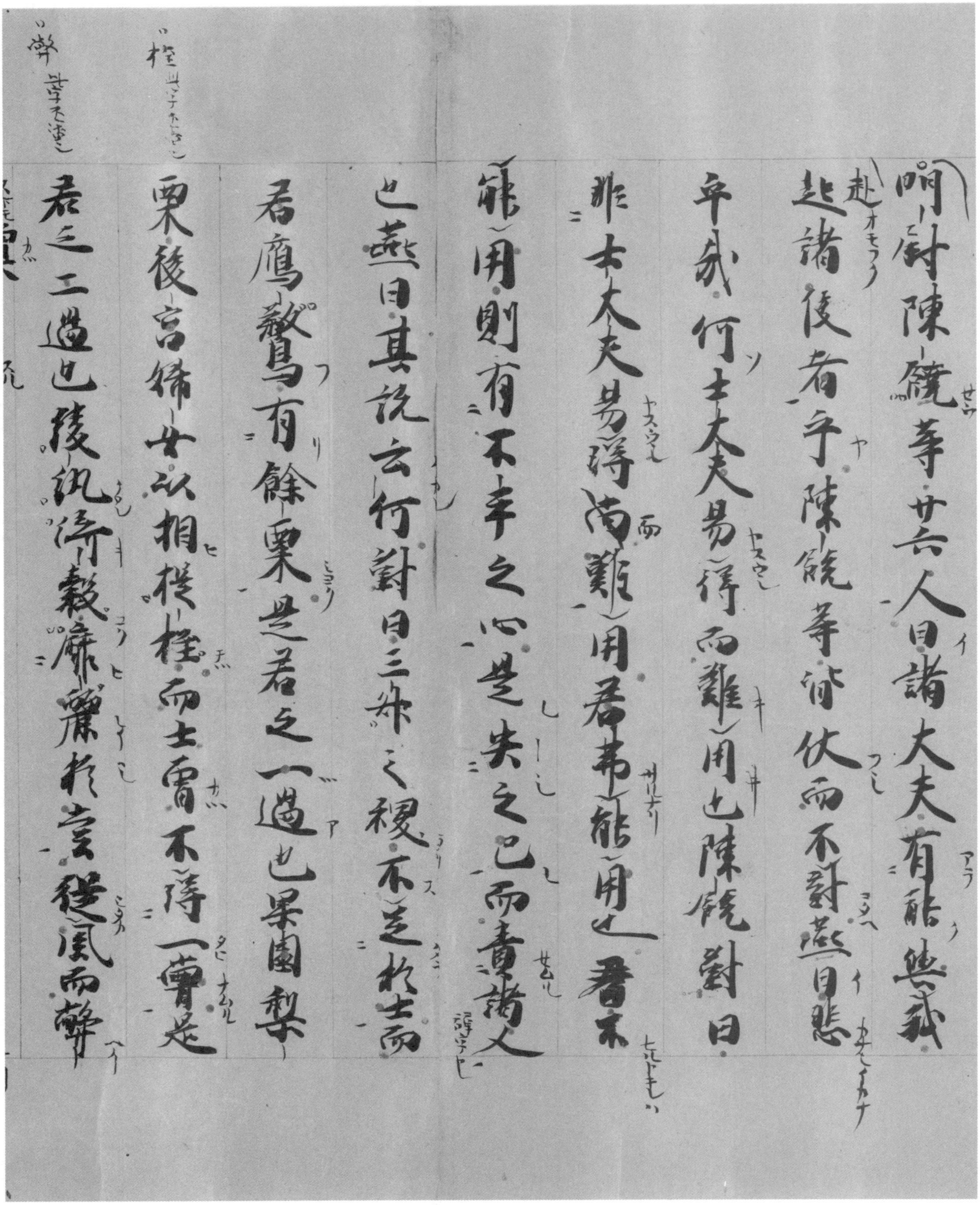
問尉陳饒等廿六人曰諸大夫有能與我
赴諸侯者乎陳饒等皆伏而不對燕曰悲
乎哉何士大夫易得而難用也陳饒對曰
非士大夫易得而難用君弗能用也君不
能用則有不平之心是失之己而責諸人
也燕曰其說云何對曰三升之稷不足於士而
君鴈鶩有餘粟是君之一過也果園梨
栗後宮婦女以相提擲而士曾不得一嘗是
君之二過也綾紈綺縠靡麗於堂從風而弊

君之三過也後紈綺縠靡麗於堂從風而弊
下〔實〕得以為祿是君之三過也且夫財者君之所
輕也死者士之所重也君不能行君之所輕而欲
使士致其所重譬猶鉛刀畜之干將用之不
亦難乎宋燕曰是燕之過也
魏文集〔侯〕問狐卷子曰父賢足恃乎對曰不足
子賢足恃乎對曰不足〔兄〕賢足恃乎對曰不
足弟賢足恃乎對曰不足臣賢足恃乎對曰
不足文侯勃然作色而怒曰何也對曰父賢不

不足之文侯勃然作色而怒曰何也對曰父質不
過堯而丹朱放子質不過舜而瞽叟拘兄質
不過舜而象敖弟質不過周公而管叔誅
臣質不過湯武而桀紂伐望人者不至恃人
者不久君欲治亦從身始人何可恃乎詩云自
求伊祜此之謂也
昔者田子方出見老馬於道喟然有志焉以
問於御曰此何馬也御曰故公家畜也罷而不
爲用故出放之田子方曰少盡其力而老弃

【第三十紙】

為用故出放之田子方曰少盡其力而老棄
其身仁者不為也束帛而贖之窮士聞之
知所歸心矣
魏文侯問李克曰人有惡乎對曰有夫貴者
即賤者惡之富者則貧者惡之智者則愚
者惡之文侯曰行此三者使人勿惡可乎對
曰可臣聞貴而下賤則衆弗惡也富能貧
則窮士弗惡也智而教愚則童蒙者不
惡也文侯曰善人主之疾十二有發非有賢

惡也文侯曰善人主之疾十二發非有賢
醫莫能治也何謂十二發曰痿蹷逆脹滿
支膈肓煩喘痺風此之謂也賢醫治之奈
何曰有事輕賦斂則痿不作无使小民飢寒則蹷不作
無令財貨上流則逆不作無使倉廩積腐則
脹不作無使府庫充實則滿不作無使群
臣縱恣則支不作無使下情不上通則
膈不作上振恤下則肓不作法令奉用則
煩不作無使下怨則喘不作無使賢人伏

【第三十一紙】

煩不任無使下怨則嗇不作死使賢人欲
遠則癉不作無使百姓歌吟誹謗則風
不作夫重臣群下者人主之心腹支體也心
腹支體無患則人主無疾矣故非有賢輔
莫能治也人主皆有此十二疾而不用賢輔
則國非其國也齊景公使〻於楚〻王與之
上九重之臺顧使者曰齊亦有臺若此者
乎使者曰吾君有治位之堂土階三等茅
茨不翦采椽不斲猶以為〻之者勞居之

懼王之亦使文悟也

茨不翦采椽不斲猶以為〻之者勞居之
者泰吾君惡有臺若此者乎於是楚王懼
知也

群書治要巻第八

依越州使君之閣嚴命加訓點
畢
前參河守清原教

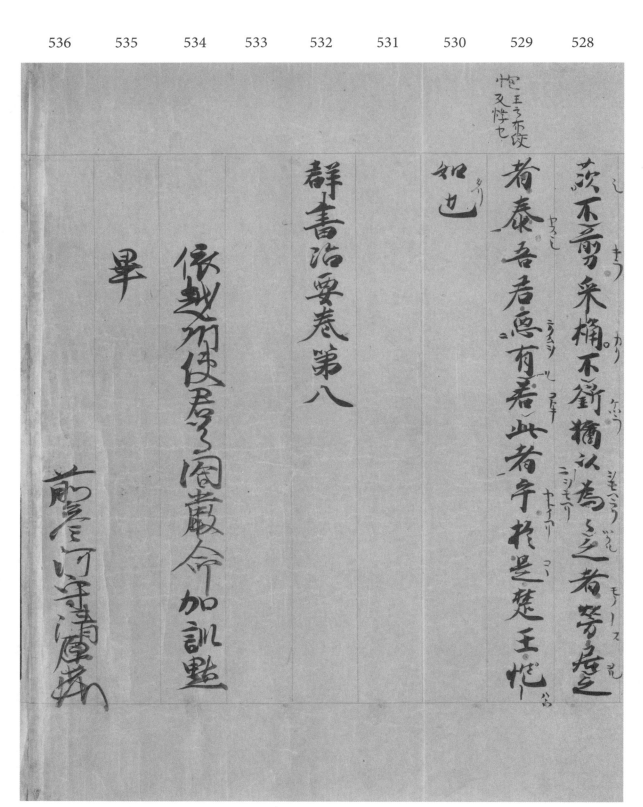

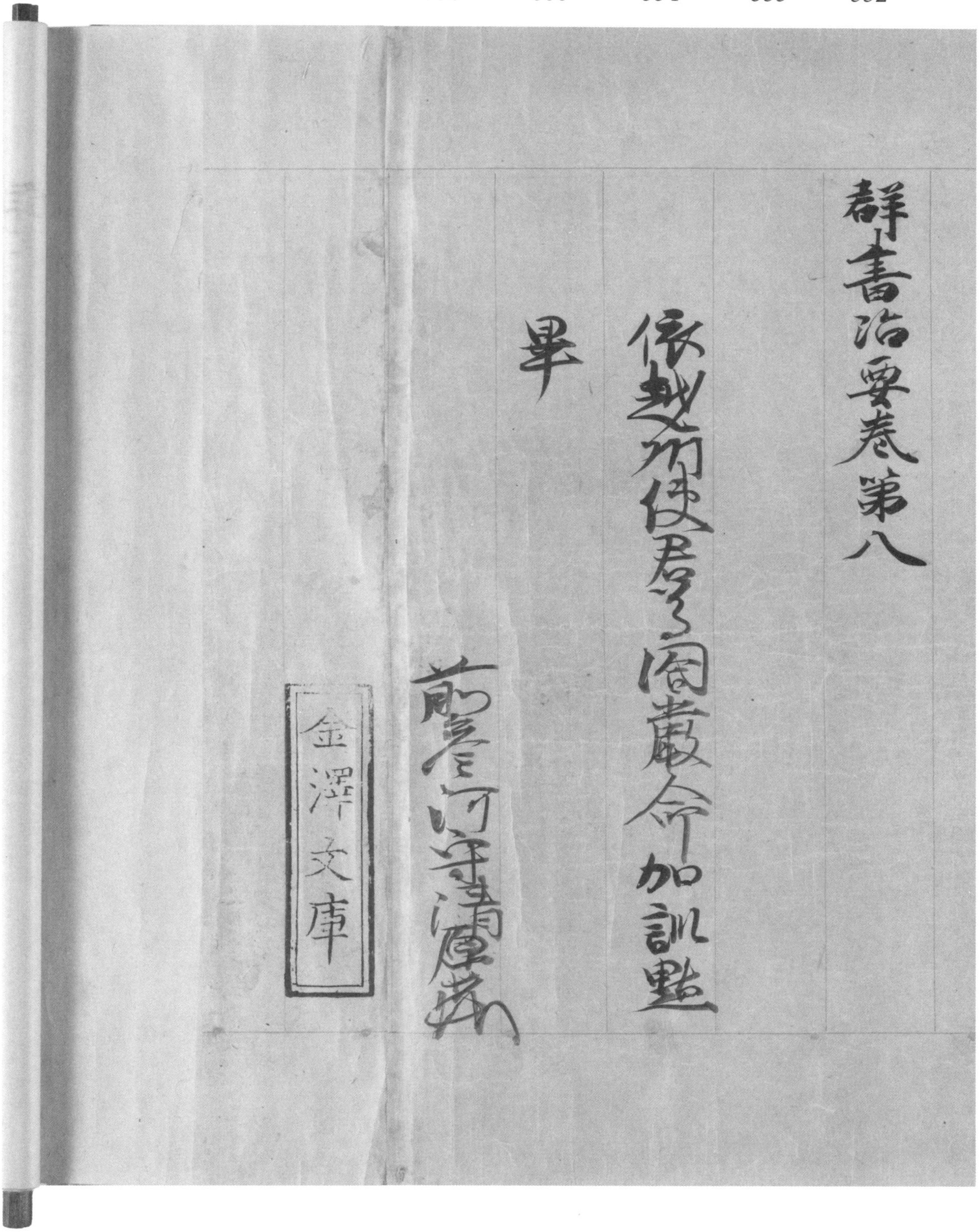

群書治要巻第八

依越州使君尊閤嚴命加訓點

畢

前參河守清原

圖書寮
番號 117
冊數 48
函號 3

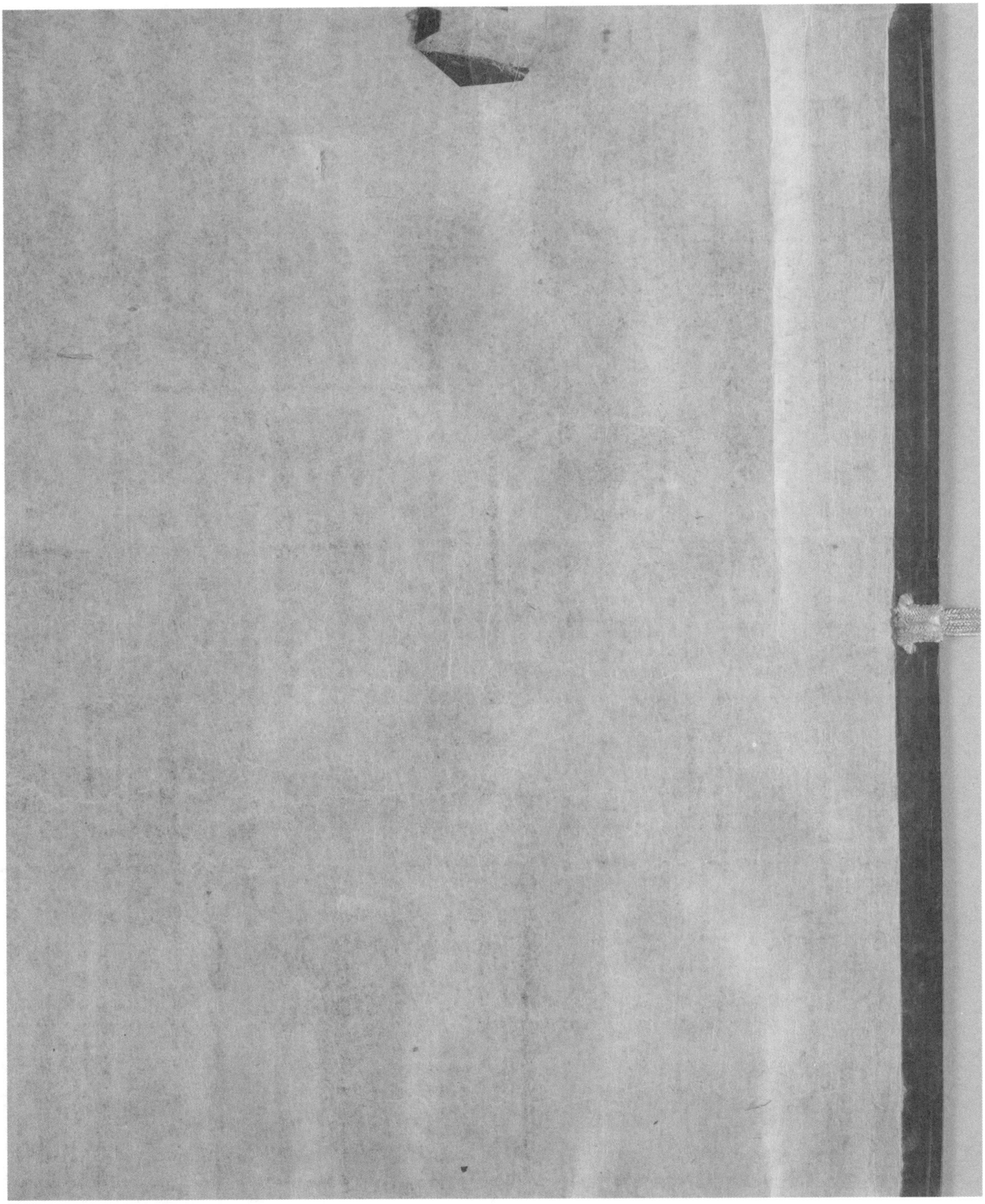

【第一紙】　【第二紙】

1 2 3 4 5 6 7 8

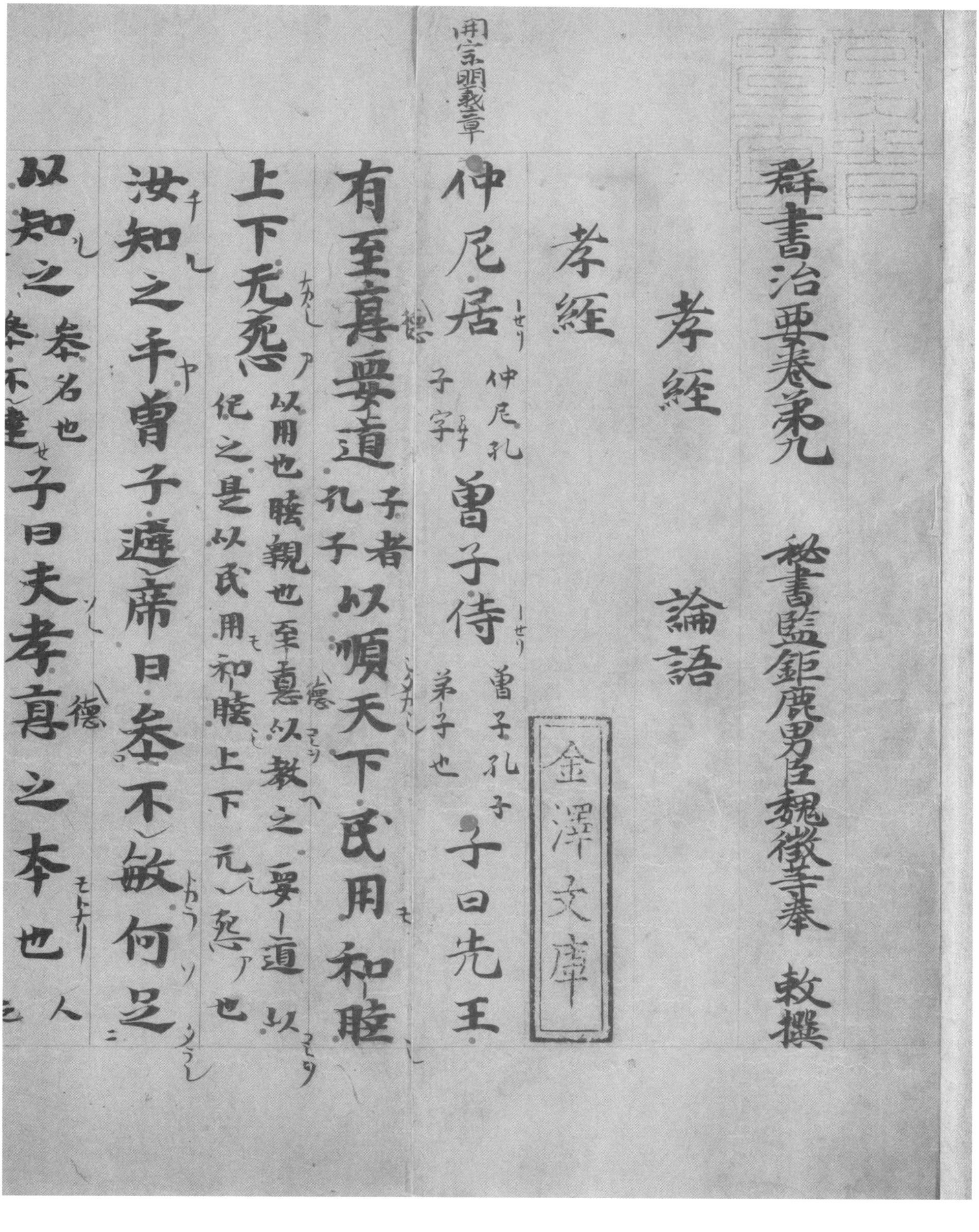
羣書治要卷第九
祕書監鉅鹿男臣魏徵等奉　敕撰
孝經　論語
孝經
開宗明義章
仲尼居 仲尼孔子字 曾子侍 曾子孔子弟子也 子曰先王
有至德要道 子者孔子 以順天下民用和睦
上下無怨 以用也睦親也至德以教之要道以化之是以民用和睦上下無怨也
汝知之乎 曾子避席曰參不敏何足
以知之 參名也 子曰夫孝德之本也 人之

以知之參名也參不達子曰夫孝德之本也人之
行莫大於孝故曰德之本也教之所由生也教人親愛莫善於孝
故言教之所由生復坐吾語汝身體髮膚受
之父母不敢毀傷孝之始也立身
行道揚名於後世以顯父母孝之
終也夫孝始於事親中於事君
終於立身大雅云無念爾祖聿脩
厥德大雅者詩之篇名無念無忘也聿述也脩治也爲孝之道無敢忘爾先祖當脩治其

天子章

德也子曰愛親者不敢惡於人愛其親者不敢惡於

【第三紙】

天子章

悳也　子曰愛親者不敢惡於人　愛其親者不敢惡於

他人之親　敬親者不敢慢於人　己慢人之親人亦慢己之親故

君子不爲也　愛敬盡於事親　盡愛於母盡敬於父　而悳

刑

教加於百姓　敬以直内義以方外故悳教加於百姓也　刑于四

海　形見也悳教流行見四海也　蓋天子之孝　呂刑云

一人有慶兆民頼之　呂刑尚書篇名一人謂天子天子爲善天

諸侯章

下皆頼之　在上不驕高而不危　諸侯在民上故言在上敬

上愛下謂之不驕故居高位而不危殆也　制節謹度滿而

不溢　費用約儉謂之制節奉行天子法度謂之謹度故滿守法而不驕逸也

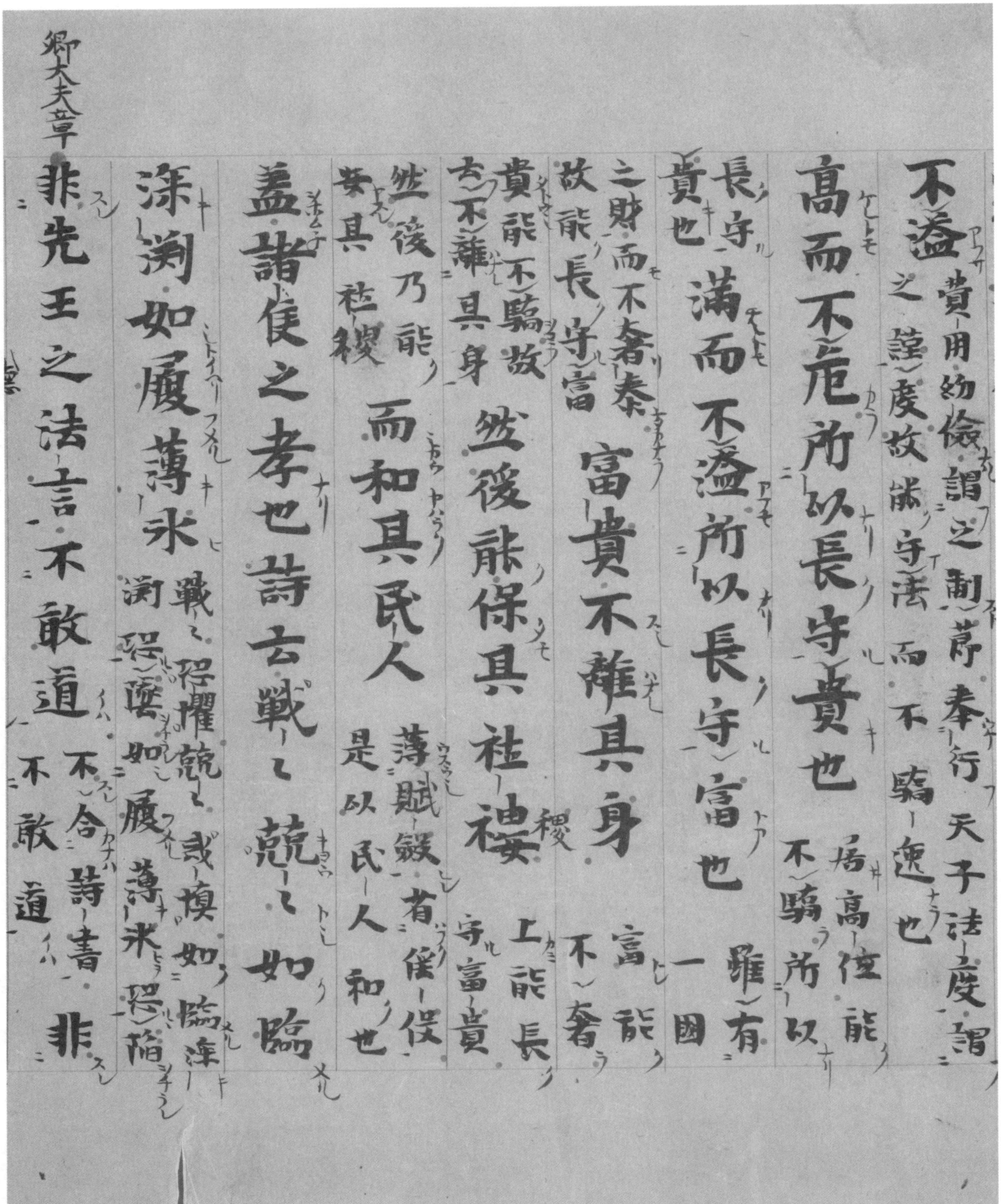

不溢貴用約儉謂之制節奉行天子法度謂之謹度故能守法而不驕逸也
高而不危所以長守貴也居高位能不驕所以
長守貴也滿而不溢所以長守富也雖有一國
之財而不奢泰故能長守富富貴不離其身富能不奢
貴能不驕故云不離其身然後能保其社稷上能長守富貴
然後乃能安其社稷而和其民人薄賦斂省徭役是以民人和也
蓋諸侯之孝也詩云戰戰兢兢如臨
深淵如履薄氷戰戰恐懼兢兢戒慎如臨深淵恐墜如履薄氷恐陷
卿大夫章
非先王之法言不敢道不合詩書不敢道非

卿大夫章

非先王之法言不敢道不合詩書不敢道非

先王之德行不敢行不合礼樂則不敢行是故

非法不言非詩書則不言非道不行非礼樂則不行口

無擇言身無擇行言滿天下無怨

惡三者備矣然後能守其宗廟法先王服

言先王德道行先王德則爲備矣蓋卿大夫之孝也詩云

夙夜匪懈以事一人夙早也夜暮也一人天子也卿大夫

士章

當早起夜臥以事天子勿懈惰資於事父以事母

而愛同事父与母愛同敬不同也資於事父以事

【第四紙】

而愛同　同事父与母愛、敬不同也　資於事父以事君而敬同　事父与君敬同、愛不同　故母取其愛而君取其敬兼之者父也　兼并也、愛与母同、敬与君同、并此二者、事父之道也　故以孝事君則忠　移事父孝以事於君則為忠也　以敬事長則順　移事兄敬以事於長則為順矣　忠順不失以事其上　事君能忠、事長能順、二者不失、可以事上也　然後能保其祿位而守其祭祀蓋士之孝也　詩云夙興夜寐无忝所生　忝辱也、所生謂父母、士為孝、當早起夜臥、无辱其父母也　子曰

所生　忝辱也所生謂父母士為孝當早起夜臥无辱其父母也　子曰
因天之道　春生夏長秋收冬藏順四時以奉事天之道　分地之
利　分別五土視其高下此分地之利　謹身節用以養父
母　行不為非為謹身富不奢泰為節用度財為貴父母不乏也　此庶人之
孝也故自天子至于庶人孝无終始而
患不及已者未之有也　將說五孝上從天子下至
庶人皆當孝无終始能行孝道故患難不及其身未之有者言未之有也　曾子曰
甚哉孝之大也　上從天子下至庶人皆當為孝无終始曾子乃知孝
之為大　子曰夫孝天之經也　春秋冬夏物有死生天之經

【第五紙】

之焉夫子曰夫孝天之經也春秋冬夏物有有死生天之
經也地之義也山川高下水泉流通地之義也民之行也
孝悌恭敬民之行也天地之經而民是則之天有四時
地有高下民居其間當是而則之則天之明則視也視天四時無失其早晚
晚也因地之利因地高下所宜何等以順天下是以其教
不肅而成以用也用天四時地利順治天下下下民皆樂之是以其教不肅而成
而成之也其政不嚴而治政不煩苛故不嚴而治也先王見
教之可以化民也見因天地教化民之易也是故先之
之以博愛而民莫遺其親先脩人事流化於

之以博愛而民莫遺其親　先脩人事淨流化於於民

陳之以悳義而民興行　上好義則義則民莫敢不服也

先之以敬讓而民不爭　若文王敬讓嗽嚷哄讓於朝虞芮推畔於野上行之則下效之法

道之以礼樂而民和睦　上好礼則民莫敢不敬

示之以好惡而民知禁　善者賞之無者罰之知禁不敢爲非也

治章

子曰昔者明王之以孝治天下不敢遺小國之臣　古者諸侯諸侯歲遣歲遣大夫聘問天子天子待之以礼此不遺小國之臣者也

而況於公侯伯子男乎　古者諸侯五年一朝天子天子使世子郊迎芻禾百車以客礼待之

故得

子男乎 古者諸侯五年一朝天〻子〻使世子郊迎芻禾百車以客礼待之 故得
萬國之歡心以事其先王 諸侯五年一朝天子各以其職
貢職来助祭宗廟是得万國之歡心事其先王也 治國者不敢侮於鰥
寡而況於士民乎 治國者諸侯也 故得百姓
之歡心以事其先君 治家者不敢
失於臣妾之心而況於妻子乎 故得人
之歡心以事其親 夫然故生則親安
之 養則致其樂故親安之也 祭則鬼享之 祭則致其嚴故鬼享之
是以天下和平 上下无怨故和平 灾害不生 風雨

【第六紙】

是以天下和平上下无怨故和平灾害不生風雨
順時百穀成孰禍亂不作君惠臣忠父慈子孝是以禍亂无緣得起也故
明王之以孝治天下也如此故上明王所以灾害
不生禍乱不作以其孝治天下故致於此嘆也詩云有覺悳行四

聖治章

國順之覺大也有大悳行四方之国順而從之也曾子曰敢問
聖人之悳无以加於孝乎子曰天地
之性人爲貴貴其異於万物也人之行莫
大於孝孝者悳之本又何加焉孝莫大於嚴父
莫大尊嚴其父嚴父莫大配天尊嚴其父莫大於配

莫大尊嚴其父嚴父莫大配天尊嚴其父莫大於配
天生事愛敬死爲神主也則周公其人也尊嚴其父配食天者周公
爲之昔者周公郊祀后稷以配天郊者祭天
名后稷者周公始祖宗祀文王於明堂以配上帝
文王周公之父明堂天子布政之宮上帝者天之別名是以四海之內
各以其職来祭周公行孝朝越裳重譯裳譯来貢是得万国之勸
之歡心也夫聖人之德又何以加於孝乎
孝悌之至通於神明豈聖人所能加聖人因嚴以教敬因
親以教愛因人尊嚴其父教之爲敬因親近於其父教之爲愛順人

【第七紙】

親以教愛　[曰人尊嚴其父教之焉敬因 親近於其父教之焉愛順人]

[人情 之也]　聖人之教不肅而成　[聖人因人情而 教民皆樂之]

[故不肅 而成也]　其政不嚴而治　[其身正不令而 行故不嚴而治]　其

所因者本也　[本謂 孝也]　父子之道天性也

[性常 也]　君臣之義也　[君臣非有天性 但義合耳也]　父母

生之續莫大焉　[父母生之子骨肉相連 屬復何加焉臣子骨]

君親臨之厚莫重焉　[君親擇賢顯 之以爵寵之]

[以祿厚 之至也]　故不愛其親而愛他人者謂

之悖悳　[人不能愛其親而愛 他人親者謂之悖悳]　不敬其親

之悖悳 人不能愛其親而愛他人親者謂之悖悳 不敬其親
而敬他人者謂之悖禮 不能敬其親而敬他人之
親者謂之悖礼也 以順則逆 以悖為順則逆乱之道也 民无則
焉 則法 不存於善而皆在於凶悳 悪人
不能以礼為善乃化為悪若桀紂是為善 雖得之君子所不
貴 不以其道故君子不貴 君子則不然言思可道
君子不為逆乱之道言中詩書故可傳道也 行思可樂 動中規矩
故可樂也 悳義可尊 可尊法也 作事可法 可法則也
容止可觀 威儀中礼故可觀 進退可度 難進而盡礼易退而

容止可觀 威儀中礼故可觀 進退可度 難進而盡忠易退而補過 以臨其民是以其民畏而愛之 畏其刑罰愛其德義 則而象之故能成其德教 而行其政令 詩云淑人君子其儀不忒 淑善也忒差也善人君子威儀不差可法則也

紀孝行章

子曰孝子之事親居則致其敬 養則致其樂 樂竭歡心以事其親 病則致其憂 喪則致其哀 祭則致其嚴 五者備矣 然後能事親 事親者居上不驕 雖尊為君

【第八紙】

然後能事親事親者居上不驕雖尊為君
而不驕也為下不亂為人臣下不敢為亂也在醜不爭忿爭為醜
類也以為善不忿爭居上而驕則亡富貴不以其道是以取亡也為
下而亂則刑為人臣下好作亂則刑罰及其身在醜而爭
則兵朋友中好為忿爭者惟兵刃之道三者不除雖日用
三牲之養猶為不孝夫愛親者不敢惡於人之親今反驕亂忿
五刑章
爭雖日致三牲之養豈得為孝子子曰五刑之屬三千五刑
者謂墨劓臏宮割大辟也而罪莫大於不孝要君
者无上事君先事而後食祿今反要君此无尊上之道非聖人者

者无上事君先事而後食禄今反要君此无尊上之道非聖人者
無法非侮聖人者不可法非孝者無親已不自孝又非他人爲孝不可
親此大亂之道也事君不忠侮聖人言非孝非孝者大乱之道也

廣要道章

子曰教民親愛莫善於孝教民礼順
莫善於悌移風易俗莫善於楽夫楽者感
人情楽正則心正楽淫則心淫也安上治民莫善於礼也
上好礼則民易使礼者敬而已矣敬礼之本有何加焉故
敬其父則子悦敬其兄則弟悦敬
其君則臣悦敬一人而千万人悦所

其君則臣悅敬一人而千万人悅所

敬者寡悅者衆 所敬一人是其君也千万人悅是其衆 此之

廣至德章

謂要道也 孝悌以教之礼楽以化之此謂要道也 子曰君子

之教以孝非家至而日見之也 但行孝於

內流化於外也 教以孝所以敬天下之為人父

【第九紙】

者也 天子元父事三老所以敬天下老也 教以悌所以敬

以敬天下之為人兄者也 天子元兄事五更所以教

天下悌也 教以臣所以敬天下為人君者也

天子郊則君事天廟則君事尸所以教天下臣 詩云愷悌君子

天子郊則君事天廟則君事尸所以教天下臣　詩云愷悌君子

民之父母　以上三者教於天下真民之父母　非至德其

孰能順民如此其大者乎　至德之君能行

至悳之君能行此三者教於天下也行此　子曰君子之事親

廣揚名章

孝故忠可移於君　欲求忠臣出孝子之門故可移於君　事

兄悌故順可移於長　以敬事兄則順故可移於長先則順也

居家理治可移於官　君子所居則化所在則治故可移於官也

是以行成於内而名立於後世矣　曾

諫爭章

曾子曰若夫慈愛恭敬安親揚名

諫爭章

曾子曰若夫慈愛恭敬安親揚名
則聞命矣敢問子從父之令可謂孝
乎子曰是何言與 是何言與 昔者天子有
爭臣七人雖无道不失其天下 七人者謂
大師大保大傅左輔右弼前疑後丞 維持王者使不危殆 輔右弼 諸侯有爭
臣五人雖无道不失其國大夫有爭
臣三人雖无道不失其家 尊卑輔善未聞其官 士
有爭友則身不離於令名 令善也士卑无臣故以賢
友助已 父有爭子則身不陷於不義故

父助已

父有爭子則身不陷於不義故當不義則爭之從父之令又焉得爲孝乎

委曲從父命善亦從善惡亦從惡而心有隱豈得爲孝乎

子曰

應感章

昔者明王事父孝故事天明

盡孝於父則事天明

事母孝故事地察

盡孝於母能察其高下視其分察也

長幼順故上下治

卑事於尊幼順於長故上下治也

天地明察神明彰矣

事天能明事地能察德合天地可謂彰也

故雖天子必有尊也言有父也

雖貴爲天子必有所尊事之若父三老是也

必有先也言有兄也

必有所先事之若兄五更是也

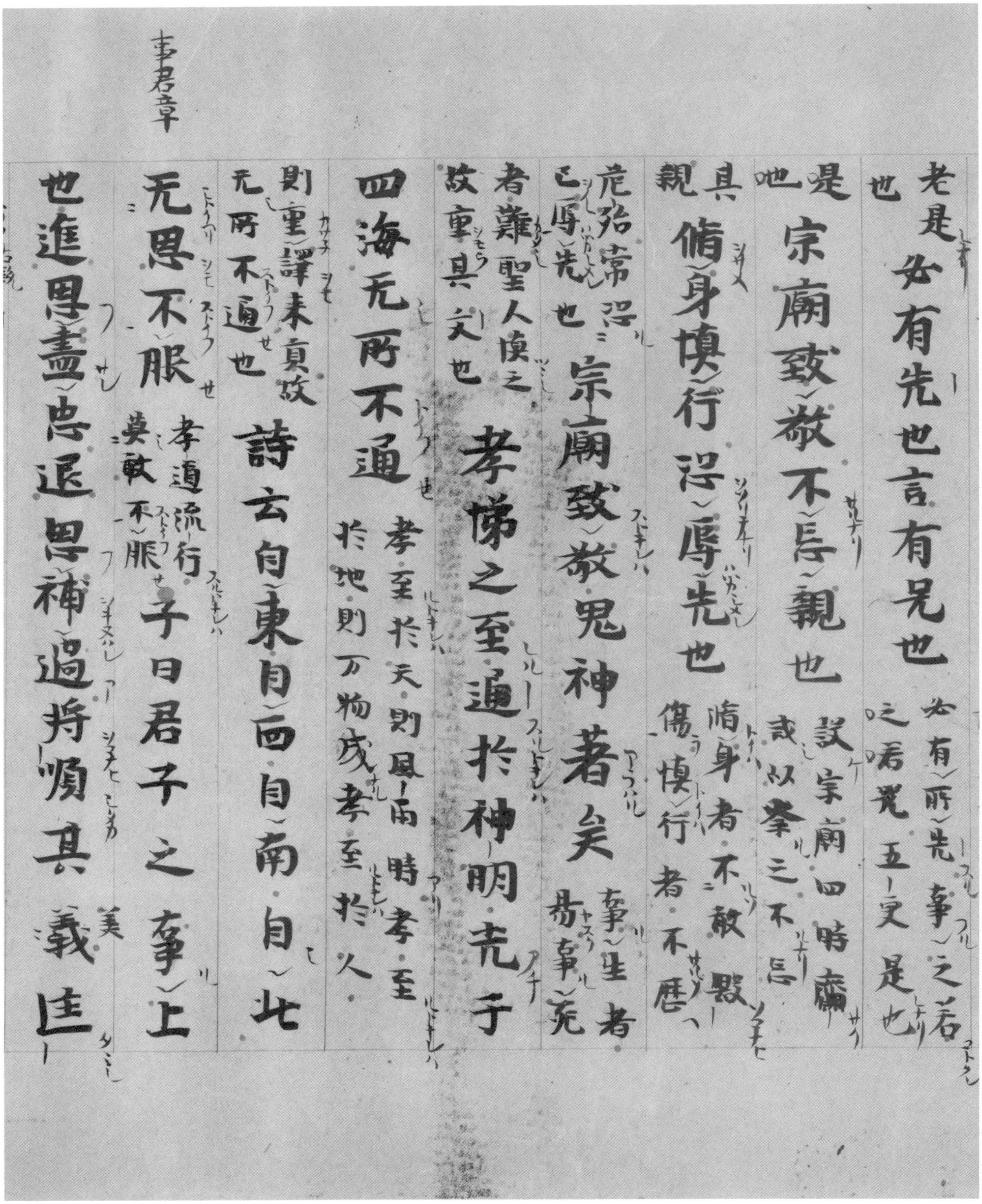
老是也必有先也言有兄也必有所先事之若兄者兄五更是也
是也宗廟致敬不忘親也設宗廟四時齋戒以祭之不忘
其親脩身慎行恐辱先也脩身者不敢毀傷慎行者不歷
危殆常恐已辱先也宗廟致敬鬼神著矣事生者易事死
者難聖人慎之故重其文也孝悌之至通於神明光于
四海无所不通孝至於天則風雨時孝至於地則万物成孝至於人
則重譯來貢故无所不通也詩云自東自西自南自北
事君章
无思不服孝道流行莫敢不服子曰君子之事上
也進思盡忠退思補過將順其義匡

【第十一紙】

世進思盡忠退思補過將順其義匡
救其悪故上下治能相親也　君臣同心故
故能相親也

論語學而

有子曰　孔子弟子有若也　君子務本本立而
道生孝悌也者其仁之本與　先能事父兄然
後仁可成　子曰巧言令色鮮矣仁　孔子巧言好其言語令
色善其顔色皆欲令人悦之少能有仁也　曾子曰　孔子弟子曽參也　吾日三
省吾身爲人謀而不忠乎與朋友交

省吾身為人謀而不忠乎与朋友交而不信乎傳不習乎言凡所傳之事得無素不講習而傳之者也子曰導千乘之國導謂為之政教也敬事而信為國者擧事必敬慎与民必誠信也節用而愛人節用不奢侈也國以民為本故愛養之使民以時不妨奪農務也子曰弟子入則孝出則悌謹而信汎愛衆而親仁行有餘力則以學文文者古之遺文子夏曰孔子弟子卜商弟子卜商也事父母能竭其力事君能致其身盡忠節不愛其身也與朋友交言而有信雖

身盡忠節不愛其身也與朋友交言而有信雖
曰未學吾必謂之學矣子曰君子
不重則不威學則不固主忠信无友
不如己者過則勿憚改主親也憚難曾子曰
愼終追遠民德歸厚愼終者喪盡其哀其哀追遠者祭盡
其敬人君行此二者民化其德皆歸於厚也有子曰禮之用和
爲貴先王之道斯爲美小大由之有
所不行知和而和不以禮節之亦不
可行也人知禮貴和而每事從和不以禮節亦不可行也

可行也 人知礼貴和而毎事從和不以礼爲節亦不可行也

爲政

子曰爲政以悳譬如北辰居其所而㖐

衆星共之 悳者无爲猶北辰之不移而衆星共之 子曰詩三

百 篇之大數 一言以蔽之曰思無邪 歸於正呫也

呫 也 子曰導之以政 政謂法教 齊之以刑民免

而無恥 苟免 導之以悳 悳謂道悳 齊之以

礼有恥且格 格正也 子曰君子周而不比

忠信爲周阿黨爲比 小人比而不周 哀公問曰何爲

忠信爲周阿黨爲比　小人比而不周　哀公問曰何爲

則民服　哀公魯君謚　孔子對曰舉直錯諸

枉則民服　錯置也舉正直之人用之廢置邪枉之人則民服其上

人則民服其上　舉枉錯諸直則民不服　季康

子問使民敬忠以勸如之何　康子魯卿季孫肥也

魯卿季孫服也　子曰臨之以莊則敬　莊嚴也君臨民以嚴

則民敬上也　孝慈則忠　君能上孝於親下慈於則民忠矣於親下慈於民

舉善而教不能則勸　舉用善人而教不能者則民勸

子曰人而无信不知其可也　无信其餘終无

【第十三紙】

子曰人而无信不知其可也（无信其餘終无可也）大車无輗小車无軏其何以行之哉（大車牛車輗轅端横木以縛軛者小車駟馬車軏在轅端上曲鉤衡者也）

八佾

林放問禮之本（林放魯人）子曰礼與其奢也寧儉喪與其易也寧戚（易和易言礼之本意失於奢不如儉也喪失於和易不如哀戚也）祭如在（言事死如事生）如神在（謂祭百神）定公問君使臣臣事君如之何（定公魯君謚）孔子對曰君使臣以禮

之何〔定公魯君諡〕孔子對曰君使臣以禮臣事君以忠子曰居上不寛為禮不敬臨喪不哀吾何以觀之哉

里仁

子曰君子无終食之間違仁造次必於是顛沛必於是〔造次急遽也顛沛僵沛僵仆也雖急遽僵仆不違仁也〕子曰民之過也各於其黨觀過斯知仁矣〔黨謂族親也過厚則仁過薄則不仁也〕子曰朝聞道夕死可矣子曰能以禮讓為

朝聞道夕死可矣子曰能以礼讓爲
國乎何有 何有者言不難也 不能以禮讓爲國
乎如禮何 如礼何者言不能用礼也 子曰見賢思齊
焉見不賢而内自省也子曰以約失
之者鮮矣 俱不得中奢則驕溢招禍儉約无憂患也 子曰君子
欲訥於言而敏於行 訥遅鈍也言欲遅行欲疾
公冶長
子貢問曰孔文子何以謂之文 孔文子衛大夫
子曰敏而好學不恥下問是以謂

【第十四紙】

夫孔圉　子曰敏而好學不恥下問是以謂
之文 敏者識之疾也 子謂子產有君子之道
四焉 子產公孫僑也 其行己也恭其事上
也敬其養民也惠其使民也義 子
曰巧言令色足恭 足恭便僻貌也 左丘明恥
恥之丘亦恥之 丘明魯太史也 子曰已矣乎
吾未見能見其過而內自訟者也 訟猶責也言人
有過莫能自責也
雝也

羅也
哀公問弟子孰爲好學孔子對曰有
顔回者好學不遷怒不貳過不幸
短命死矣 顔回孔子弟子也遷者移不貳過有不善未嘗復行也
述而
子曰悳之不脩學之不講聞義不能
徙也不善不能改也是吾憂也 夫子常以
此四者爲憂也 子之所愼齊戰疾 愼齊尊祖考愼戰重民命愼疾
愛性命也 子曰我三人行必得我師焉擇其

【第十五紙】

愛性命也　子曰我三人行必得我師焉擇其

善者而從之其不善者而改之　言我哉亡

三人行本无賢愚擇善從之不善改之故无常師　子曰仁遠乎哉我

欲仁斯仁至矣　仁道不遠行之則是

泰伯

子曰恭而无礼則勞愼而无礼則葸

葸畏懼之皃也言愼而不以礼節之則常畏懼　勇而无礼則亂直而

无礼則絞　絞刺也　君子篤於親則民興於

仁故舊不遺則民不偸　興起也能厚於親屬不遺忘其

仁故舊不遺則民不偷興起也能厚於其親屬不遺忘其故舊行之美者也則皆化之起爲仁厚之行不偷薄曾子曰士不可不弘毅任重而道遠弘大也毅而能斷也士弘毅然後能負重任致遠路也仁以爲己任不亦重乎死而後已不亦遠乎仁以爲己任重莫重焉死而後已遠莫遠焉嗼喠子曰如有周公之才之美使驕且吝其餘不足觀也已子曰不在其位不謀其政欲各專一於其職也子曰學如不及猶恐失之言此者勉人學也子曰巍巍乎舜禹有天下

言此者勉人學也　子曰巍〻乎舜禹有天下
而不與焉　義其有成功能擇任賢臣　子曰大哉堯之
為君也巍〻乎唯天爲大唯堯則之
則法也美堯能法天而行化也　蕩〻乎民无能名焉　蕩〻廣遠之
稱也言布其恩德遠民无能識名焉　煥乎其有文章　也煥明也其
立文垂制又著明　舜有臣五人而天下治　禹稷契皐
陶伯益也　武王曰予有亂臣十人　亂治也理官者十人謂周
公旦召公太公畢公榮公太顛閎夭散宜生南宮括其一人謂文母也　孔子曰才難不
其然乎唐虞之際於斯爲盛有婦人焉九人

【第十六紙】

其然乎唐虞之際於斯爲盛有婦人焉九人
而已 斯此也言堯舜交會之間比於此周〻最盛多賢然尚有一婦人其餘九人而已
大才難得豈不然乎 子曰禹吾無間然矣菲飲食
而致孝乎鬼神惡衣服而致美于黻
冕卑宮室而盡力溝洫禹吾無間然
矣 間非也菲薄也致孝于鬼神祭祀豐絜也黻祭服之衣冕冠名也
子罕
子曰譬如爲山未成一簣止吾止也
簣土籠也此勸人於道德也爲山者其功已多未成一籠而中道止者我不以其前功多而善之見其志

簣土籠也此勸人於道德也爲山者其功雖已多未
成一籠而中道止者我不以其前功多而善之見其志
不遂故不与也　譬如平地雖覆一簣進吾往也
平地者將進加功雖始覆一簣我不以其功少而薄之據其欲進而與之

顏淵

顏淵問仁子曰克己復礼爲仁　克己約身
曰克己復礼天下歸仁焉　一日猶見歸況終身乎
爲仁由己而由人乎哉　善在己不在人　曰請問
其目　知其必有條目故請問之　子曰非礼勿視非礼
勿聽非礼勿言非礼勿動　此四者克己復礼之目　曰回

【第十七紙】

勿聽非礼勿言非礼勿動（此四者克己復礼之目）回雖不敏請事斯語矣（敬事此語必行之）仲弓問仁子曰出門如見大賓使民如承大祭（仁之道莫尚乎敬）已所不欲勿施於人在邦无怨在家无怨（在邦為諸侯在家為卿大夫）子張問明子曰浸潤之譖膚受之愬不行焉可謂明也已（子張孔子弟子顓孫師也譖人之言如水之浸潤以漸成之膚受皮膚外語非其内實也）浸潤之譖膚受之愬不行焉可謂遠也已（无此二者非但為明其德行高遠人莫之及也）子貢

可謂遠也已（无此二者非但爲明其德行高遠人莫之及也）子貢
問政子曰足食足兵民信之矣子
貢曰必不得已而去於斯三者何先曰
去兵曰必不得已而去於斯二者何先
曰去食自古皆有死民不信不立
（死者古今常道人皆有之治邦不可失信）哀公問於有若曰
年飢用不足如之何對曰盍徹乎（盍何不）
（不也周法什一而税謂之徹也）曰二吾猶不足如之何其
徹也（二謂什二而税也）對曰百姓足君孰與不足

徹也 二謂什二而稅也 對曰百姓足君孰與不足
百姓不足君孰與足 子張問崇德
辯惑 子曰主忠信徙義崇德也 徙義見義
則徙意從之 愛之欲其生惡之欲其死既
欲其生又欲其死是惑也 愛惡當有常一欲生之一欲死之
是以惑也 子曰聽訟吾猶人也 與人等 必也使無
訟乎 化之在前 子曰君子成人之美不成
人之惡小人反是 季康子問政
孔子對曰政者正也 子帥而正

【第十八紙】

孔〻子〻對曰政者正也子帥而正
孰敢不正　康子魯上卿諸侯之師　季康子患盜
問孔子〻對曰苟子之不欲雖賞之不
竊　言民化於上不從其令從其所好　季康子問於孔子
曰如殺無道以就有道何如　就成也欲多殺
以止姦也　對曰子爲政焉用殺子欲善而民
善矣君子之德風也小人之德草
也草上之風必偃　亦欲康子先自正正也偃仆也加草
草以風无不仆者猶民之化於上也　樊遲曰敢問崇德脩

莫以風元不作者脩民之化於上也樊遲曰敢問崇德脩
慝辨惑孔子弟子樊須也慝惡也脩治也治惡為善子曰先事
後得非崇德与先勞於事然後得報攻其惡毋
攻人之惡非脩慝與一朝之忿忘其
身以及其親非惑與樊遲問智曰
知人樊遲未達子曰舉直措諸枉
能使枉者直舉正直之人用之廢邪枉之人則皆化為直也樊遲退見
子夏曰何謂也子夏曰舜有天下選
於衆舉咎繇不仁者遠矣湯有

【第十九紙】

於衆挙臯陶不仁者遠矣湯有
天下選於衆挙伊尹不仁者遠矣
言舜湯有天下選擇於衆挙臯陶伊尹則不仁者遠仁者至矣
子路
子路問政子曰先之勞之　孔子弟子仲由也先導之以德
使人信之然後勞之易曰悦以使民民忘其勞　請益曰毋倦　子路嫌其少故請益
曰无倦者行此上事无倦則可矣　仲弓爲季氏宰問政子
曰先有司　孔子弟子冉雍也言爲政當先任有司而後責其事　赦小過
挙賢才曰焉知賢才而挙之曰尒挙

舉賢才曰焉知賢才而舉之曰尒舉所知尒所不知人其捨諸汝所不知者人將自舉之各舉其所知則賢才无遺矣子路曰衛君待子而爲政子將奚先問往將何所先行之也子曰必也正名乎正百事之名也名不正則言不順言不順則事不成事不成則禮樂不興禮樂不興則刑罸不中禮以安上樂以移風二者不行則淫刑濫罸矣[illegible][illegible]刑罸不中則民无所錯手足故君子名之必可言也言之必可行也所名之事必可得明言也

名之必可言，言之必可行也。所名之事必可得明言也。所言之事必可得而遵行。子曰：上好礼，則民莫敢不敬；上好義，則民莫敢不服；上好信，則民莫敢不用情。情，情實也。言民化上，各以實應也。夫如是，則四方之民繦負其子而至矣。子曰：其身正，不令而行；其身不正，雖令不從。令，教令也。子適衛，冉子僕。冉有御也。子曰：庶矣哉。庶，衆也。言衛民衆多也。冉有曰：既庶矣，又何加焉。曰：富之。曰：既富矣，又何加焉。曰

加焉曰富之曰既富矣又何加焉曰
教之子曰善人爲邦百年亦可以勝
殘去殺矣 勝殘勝殘暴之人使不爲惡也去殺不用刑殺也 誠哉
是言也 古有此言孔子信之 子曰如有王者必世
而後仁 卅年曰世如有受命王者必卅年仁政乃成 子曰苟正其
身於從政乎何有不能正其身如正
人何定公問一言而可以興邦有諸
孔子對曰言不可以若是其幾也
以其大要一言不能以興國也幾近也有近一言興國也 人之言曰爲

（以其大要一言不能以興國也　幾近也有近一言興國也）人之言曰為君難為臣不易如知為君之難也不幾乎一言而興邦乎（事不可一言而成　知如此則可近之）曰一言而喪邦有諸孔子對曰言不可以若是其幾也人之言曰予無樂乎為君唯其言而莫予違也（言无樂於為君所樂者唯樂其言而見違也）如善而莫之違也不亦善乎如不善而莫之違也不幾乎一言而喪邦乎（人君所言善无違之者則善所言不善而无敢違之者則近）

【第二十一紙】

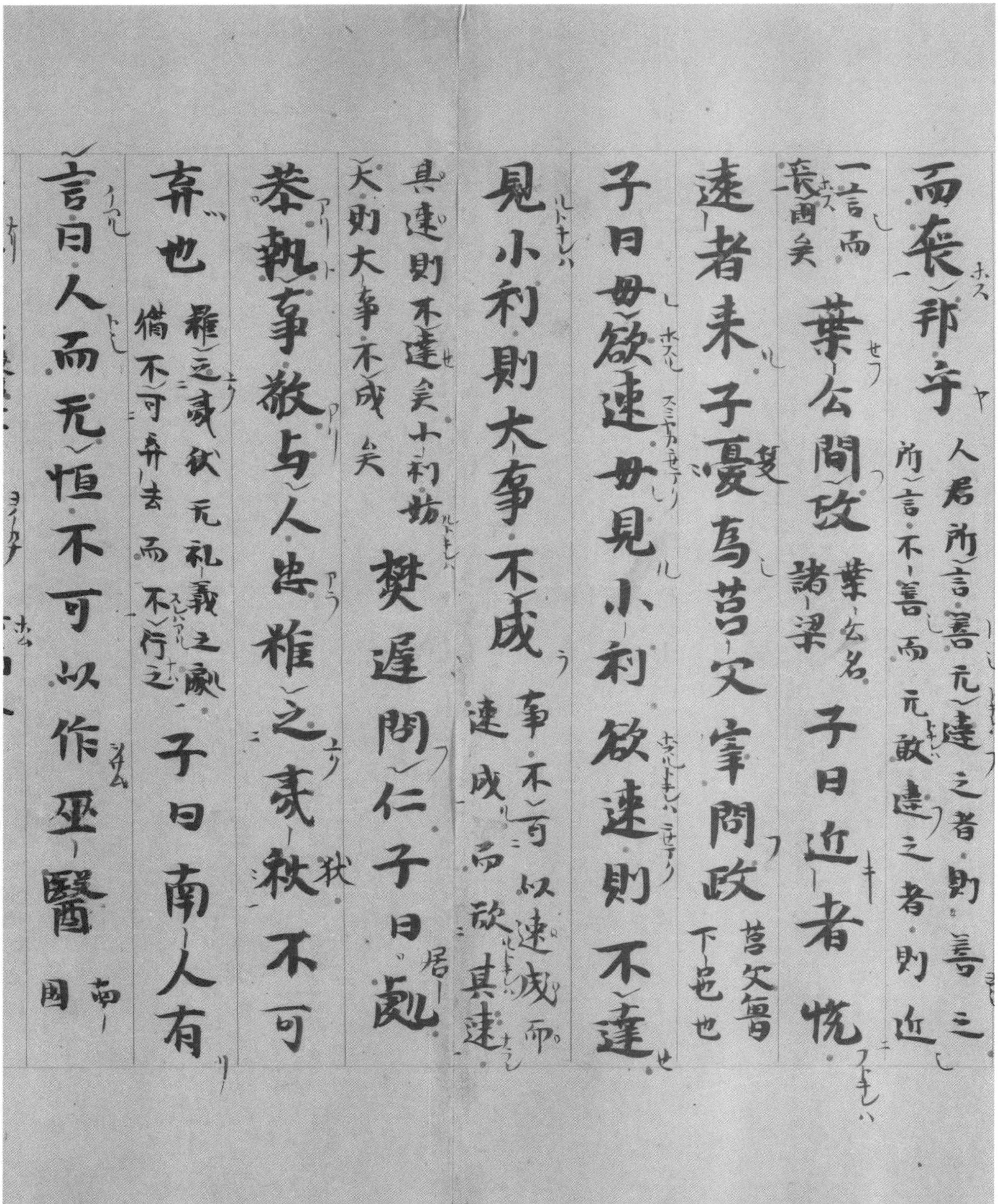

而喪邦乎 人君所言善元違之者則善之 所言不善而元敢違之者則近

一言而喪國矣 葉公問政 葉公名諸梁 子曰近者悅

遠者來 子夏爲莒父宰問政 莒父魯下邑也

子曰毋欲速毋見小利欲速則不達

見小利則大事不成 事不可以速成而 速成而欲其速

其速則不達矣小利妨 大則大事不成矣 樊遲問仁子曰居處

恭執事敬与人忠雖之夷狄不可

棄也 雖之夷狄元礼義之處 猶不可棄去而不行之 子曰南人有

言曰人而元恒不可以作巫醫 南人 南國

言曰人而无恒不可以作巫醫南国
之人也言巫醫不能治无常之人善夫善南人之言也子曰君子
和而不同小人同而不和君子心和然其所見各異故曰
不同小人所嗜好者同然各争利故曰不和也子貢問曰郷人皆好
之何如子曰未可也郷人皆悪之何如
子曰未可也不如郷人之善者好
之其不善者悪之善人善己悪人悪己是善善明悪悪
著也子曰君子易事而難悦也不責備於一人故易事
也悦之不以道不悦也及其使人也

也悦之不以道不悦也及其使人也
器之（度才而官之）小人難事而易悦之
雖不以道悦也及其使人也求
備焉子曰君子泰而不驕小人驕
而不泰（君子自縱泰似驕而不驕小人拘忌而實自驕矜也）子曰以不
教民戰是謂棄之（言用不習之民使之戰必破敗是棄之）
憲問
子曰有悳者必有言〻者不必有
悳仁者必有勇〻者不必有仁子

【第二十二紙】

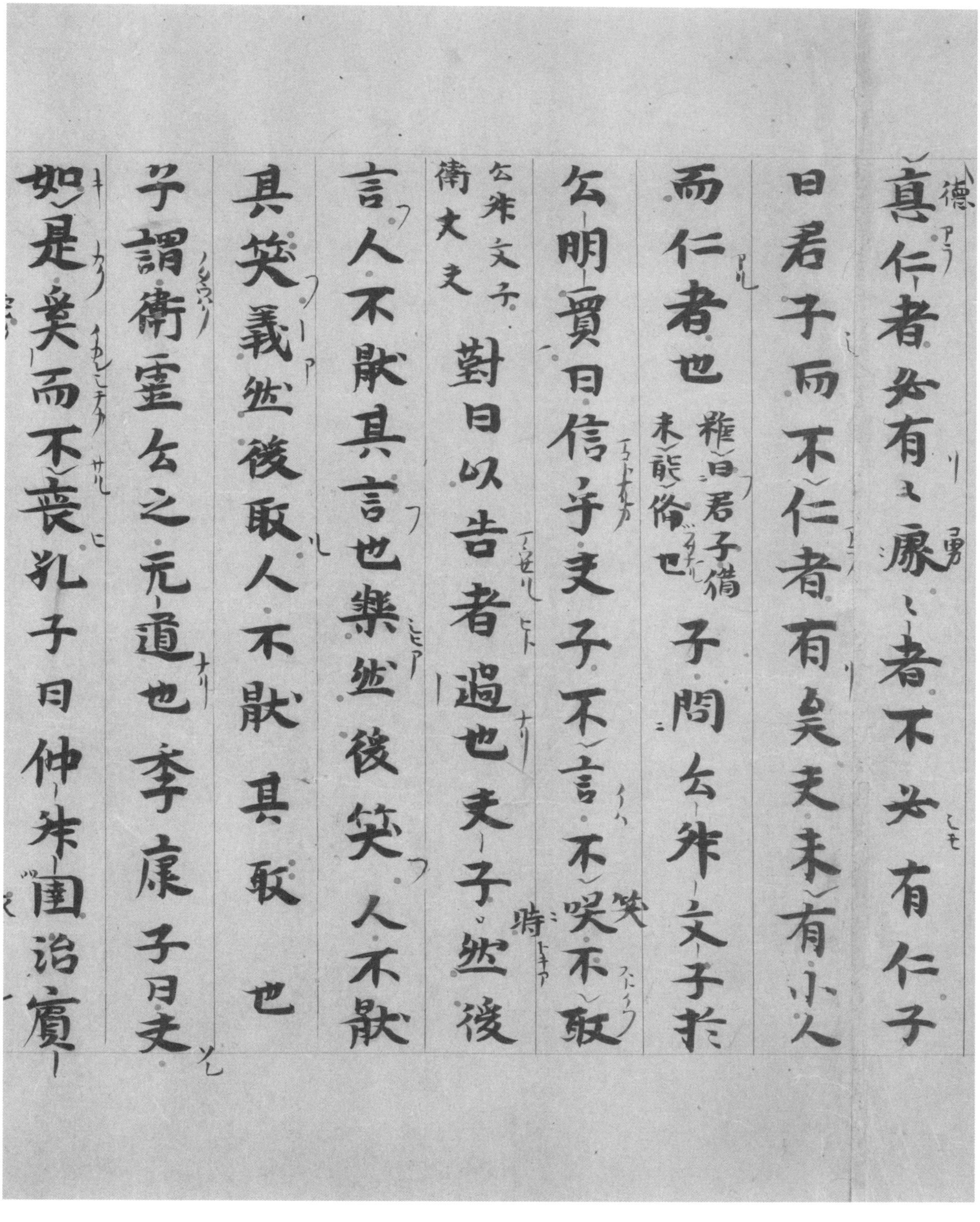

悳仁者必有勇勇者不必有仁子曰君子而不仁者有矣夫未有小人而仁者也雖曰君子猶未能備也子問公叔文子於公明賈曰信乎夫子不言不咲不取公叔文子衛大夫對曰以告者過也夫子時然後言人不厭其言也樂然後笑人不厭其笑義然後取人不厭其取也子謂衛靈公之无道也季康子曰夫如是奚而不喪孔子曰仲叔圉治賓

如是奚而不喪。孔子曰：仲叔圉治賓客，祝鮀治宗廟，王孫賈治軍旅，夫如是奚其喪。言雖无道，所任者各當其才，何爲當亡也。

子路問事君。子曰：勿欺而犯之。事君之道義，不可欺，當犯顏諫爭。

子曰：不逆詐，不億不信，抑亦先覺，是賢乎。有人來，不逆之以爲詐，不億疑之以爲有不信，然而人有詐不信，有以先發知之，是人賢，逢詐僞不信，所以服恥也。

子路問君子。子曰：脩己以敬。敬其身也。曰：如斯而已乎。曰：脩己以安百姓。脩己以安百姓，堯舜其猶病諸。病猶難也。

【第二十三紙】

姓尭舜其猶病諸 病猶難也

衛霊公

子曰无為而治者其舜也與夫何為哉

恭己正南面而已矣 言任官得其人故无為也 子張問行

子曰言忠信行篤敬雖蠻貊之邦行

矣言不忠信行不篤敬雖州里行乎哉

行乎哉言不行也 子張書諸紳 紳大帯也 子曰志士仁人

无求生以害仁有殺身以成仁 生而害仁死而後成仁則

志士仁人不愛其身也 顔淵問為邦子曰行夏之時 據見

（志士仁人不愛其身也）顔淵問爲邦。子曰：行夏之時，（據見萬物之生以爲四時之始取其易知也以爲）乘殷之輅，（大輅越席昭其儉也）服周之冕，（取其黈纊塞耳不任視聽）樂韶舞，（韶元舜樂也盡善盡美故取之舜樂）放鄭聲，遠佞人。（鄭聲淫佞人危倶能感人心使淫亂危殆故當放遠之也倶能）子曰：人而无遠慮，安有近憂。子曰：臧文仲其竊位者與？知柳下惠之賢而不与立也。（文仲魯大夫也柳下惠展禽也知賢不舉爲竊位也）子曰：躬自厚而薄責於人，則遠怨矣。（責己厚責人薄所以遠怨咎也）子曰：君子求諸己，小人求諸人。（君子責己小人責人）子

曰君子求諸己小人求諸人　君子責己小人責人　子
曰君子不以言舉人　有言者不必有德故不可以言舉人也　不
以人廢言子貢問曰有一言而可以終
身行者乎子曰其恕乎己所不欲勿
施於人　子曰巧言亂德小不忍則亂大謀　巧言利口則亂德義小不忍則亂大謀
子曰衆惡之必察焉　或衆阿黨比周或其人特立不群故好惡不可不察
衆好之必察焉
子曰人能弘道非道弘人　材大者道隨大材小者道隨小故不能弘人也　子曰過而不改是謂過矣　子曰

故不能改人也 子曰過而不改是謂過矣 子曰
吾嘗終日不食終夜不寢以思无
益不如學也

季氏

季氏將伐顓臾冉有季路見於孔
子孔子曰是誰之過與冉有曰夫子欲
之吾二臣者皆不欲也 歸咎於季氏 孔子曰
求周任有言曰陳力就列不能者止
周任古之良史也言當陳才力度己所任以就其位不能則當止 危而不持

周任古之良史也言當陳才力度己所任以就其位不能則當止也 危而不持
顛而不扶則將焉用彼相矣 言輔相人者當能持危扶
顛若不能何用彼相焉者也 且尒言過矣虎兕出於柙
龜玉毀於櫝中是誰之過與 柙檻也櫝匱也
非守典者過也 冉有曰今夫顓臾固而近於費
固城郭寛堅也費季氏邑 今不取後世必為子孫憂
孔子曰求君子疾夫 疾如汝言 舎曰欲之
而必為之辭 舎其貪利之説而更作他辭是所疾 丘也聞
有國有家者不患寡而患不均 不患土地

【第二十五紙】

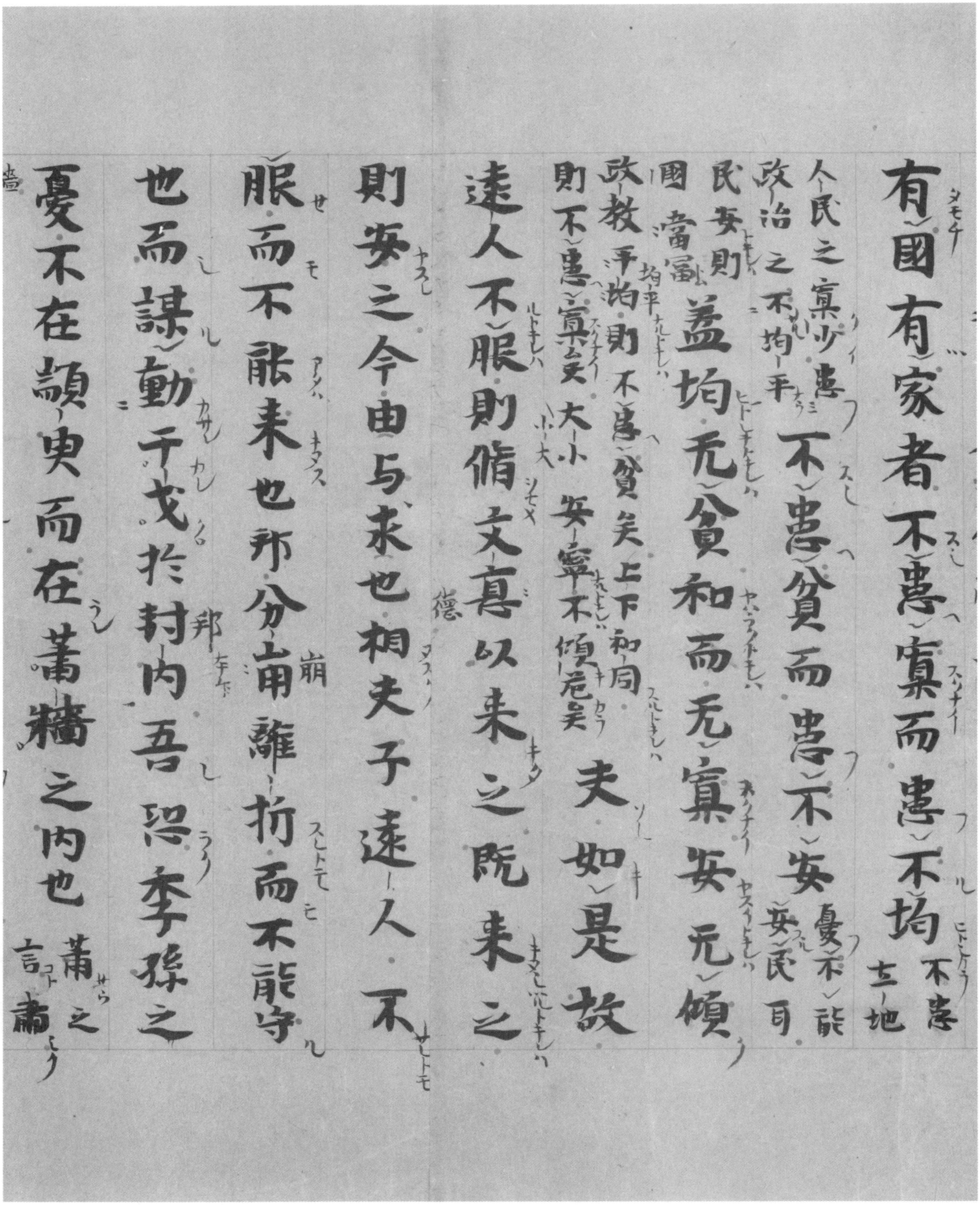
有國有家者不患寡而患不均 不患土地
人民之寡少患政治之不均平 不患貧而患不安 憂不能安民耳
民安則國富 蓋均无貧和而无寡安无傾
政教平均則不患貧矣 上下和同則不患寡矣 大小安寧不傾危矣 夫如是故
遠人不服則脩文德以來之既來之
則安之 今由与求也相夫子遠人不
服而不能來也邦分崩離析而不能守
也而謀動干戈於邦內 吾恐季孫之
憂不在顓臾而在蕭牆之內也 蕭之言肅

憂不在顓臾而在蕭牆之内也（蕭之言肅）

（牆謂屏也君臣相見之礼至屏而加肅敬焉是以謂之蕭牆後季氏家臣陽虎果囚季桓子也）（而加肅敬）

孔子曰益者三友損者三友直友

諒友多聞益矣友便辟（便避人所忌以求容媚者）

友善柔（面柔者也）友便佞損矣（便辯也謂佞而辯）孔

子曰益者三樂損者三樂樂節礼樂（動則得礼

樂之節）樂道人之善樂多賢友益

矣樂驕樂（恃尊貴以自恣）樂佚遊（佚遊出入不節）樂宴

樂損矣（宴樂沈荒淫瀆也三者自損之道）孔子曰侍於君

樂損矣宴樂沈荒淫瀆也三者自損之道也孔子曰侍於君

子有三愆言未及之而言謂之躁躁不

安靜言及之而不言謂之隱隱匿不盡情實未

見顏色而言謂之瞽未見君子顏色所趣向而便逆先意語

謂猶瞽者也孔子曰君子有三戒少之時血

氣未定戒之在色及其壯也血氣

方剛戒之在鬬及其老也血氣既

衰戒之在得得貪得也孔子曰君子有三

畏畏天命順吉逆凶天之命也畏大人大人即聖人與天地合其德

【第二十六紙】

畏々天命 順吉逆凶天之命 畏大人 大人即聖人與天地合悳也
畏聖人之言小人不知天命而不畏
押大人侮聖人言孔子曰生而知之
者上也學而知之者次也困而學之
又其次也 困謂有所不通也 困而不學民斯
為下矣孔子曰君子有九思視思明
聽思聰色思温貌思恭言思忠事
思敬疑思問忿思難見得思義孔
子曰見善如不及見不善如探湯齊

子曰見善如不及見不善如探湯齊
景公有馬千駟死之日民无得而稱焉（駟四千疋也）
伯夷叔齊餓于首陽之下（首陽山）民
到于今稱之其斯之謂與（此所謂以眞〔德〕爲稱）

陽貨

子曰性相近也習相遠也（君子慎所習）子張
問仁於孔子孔子曰能行五者於天下
爲仁者矣請問之曰恭寬信敏惠恭
則不侮（不見侮也）寬則得衆信則人任焉

【第二十七紙】

則不侮（不見侮也）寛則得衆信則人任焉

敏則有功（應事疾則多成功）惠則足以使人子

曰由汝聞六言六蔽乎對曰未居吾語

汝好仁不好學其蔽也愚（仁者愛物不知所以裁之則愚也）

好智不好學其蔽也蕩（蕩無所適守）好信不

好學其蔽也賊（父子不知相爲隱之輩也）好直不好

學其蔽也絞好勇不好學其蔽也

亂好剛不好學其蔽也狂（狂妄抵觸人也）子

曰礼々云々玉帛云乎哉（言礼非但崇此玉帛而已所貴者）

曰礼〻云〻玉帛云乎哉 言礼非但崇此玉帛而已所貴者乃貴其安上治民 樂〻云〻鐘鼓云乎哉 樂之所貴者移風易俗也非謂但鐘鼓而已 子曰鄙夫可與事君也哉 言不可與事君 其未之得也患得之 患得之者患不能得之 既得之患失之苟患失之无所不至矣 无所不至者言邪媚无所不為 子曰悪紫之奪朱 悪其邪好而奪正也 悪鄭聲之乱雅樂也 悪其邪音而奪雅樂 悪利口之覆邦家也 利口之人多言少實苟能悦媚時君傾覆國家 子貢曰君子有悪乎子曰有悪〻稱

【第二十八紙】

子貢曰君子有惡乎子曰有惡惡稱
人惡者　好稱說人惡所以爲惡也　惡居下而訕上者
訕謗毀也　惡勇而无礼者惡果敢而窒者
窒塞　曰賜也亦有惡也惡徼以爲智者
徼抄也抄人之意以爲已有　惡不遜以爲勇者惡訐以
爲直者　訐謂攻發人之陰私
微子
柳下惠爲士師　士師典獄之官也　三黜人曰子
未可以去乎曰直道而事人焉往

【第二十八紙】

未可以去乎曰直道而事人焉往

而不三黜（苟以直道事人所至之国俱當復三黜）枉道而事

人何必去父母之邦周公謂魯公（魯公周公

之子伯禽也）曰君子不施其親（施易也不以他人之親易己之親）不

使大臣怨乎不以（以用也怨不見聽用也）故舊无

大故則不棄也无求備於一人（大故謂惡

逆之事也）

子張

子夏曰小人之過也必文（飾其過不言情實也）

子夏曰小人之過也必文文飾其過不言情實也

子夏曰君子信而後勞其民未信則以爲厲己也厲病信而後諫未信則以爲謗己也

孟氏使陽膚爲士陽膚曾子弟子也士師典獄官也問於曾子曾子曰上失其道民散久矣如得其情則哀矜而勿喜民之離散爲輕剽犯法乃上之所爲非民之過也當哀矜之勿自喜能得其情也

子貢曰紂之不善也不如是之甚也是以君子惡居下流天下之惡皆歸焉

【第二十九紙】

以君子惡居下流天下之惡皆歸焉紂為不善以喪天下後世憎甚之皆以天下之惡歸之於紂也子贛曰君子之過也如日月之食也過也人皆見之更也人皆仰之更改也

堯曰朕躬有罪无以万方万方有罪在朕躬无以万方万方不與也万方有罪我身過雖有周親不如仁人親而不賢不忠則誅之管蔡是也仁人箕子微子來則用也百姓有過在予一人謹權量審法度脩廢官

在予一人謹權量審法度脩癈官
四方之政行焉 權稱也 量斗斛 興滅國繼絶世舉
逸民天下之民歸心焉所重民食喪
祭 重民國之本也重食民之本也重喪所以盡哀也重祭所以致敬也 寬
則得衆敏則有功公則悦 言民公平則民悦矣凡此五帝三王
所以治故傳以示後世 子張問於孔子曰何如斯可
以從政矣子曰尊五美屏四惡斯可
以從政矣 屏除也 子張曰何謂五美子
曰君子惠而不費勞而不怨欲而不

【第三十紙】

曰君子惠而不費勞而不怨欲而不貪泰而不驕威而不猛子張曰何謂惠而不費子曰因人所利而利之不亦惠而不費乎（利民在政无費於財）擇可勞而勞之又誰怨乎欲仁而得仁又焉貪乎君子无衆寡无小大无敢慢（言君子不以寡小而慢之）斯不亦泰而不驕乎君子正其衣冠尊其瞻視儼然人望而畏之斯不亦威而不猛乎子張曰何謂四

【第三十一紙】

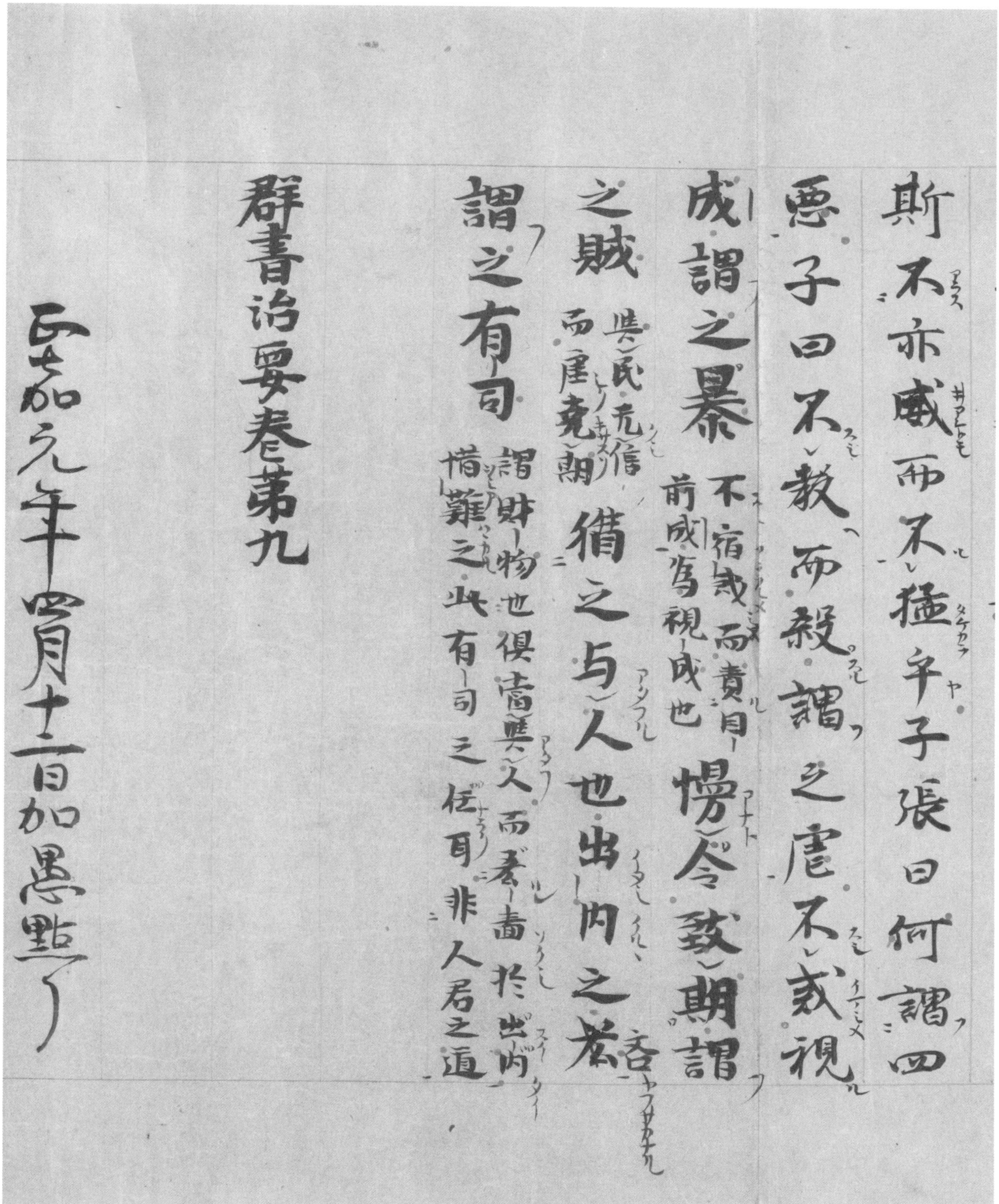
斯不亦威而不猛乎。子張曰：何謂四悪。子曰：不教而殺謂之虐，不戒視成謂之暴，不宿戒而責目前成為視成也 慢令致期謂之賊，與民无信而虐急期 猶之与人也，出内之吝謂之有司。謂財物也。倶當與人，而吝嗇於出内，惜難之。此有司之任耳，非人君之道。

群書治要卷第九

正嘉元年四月十二日加愚點了

569 568

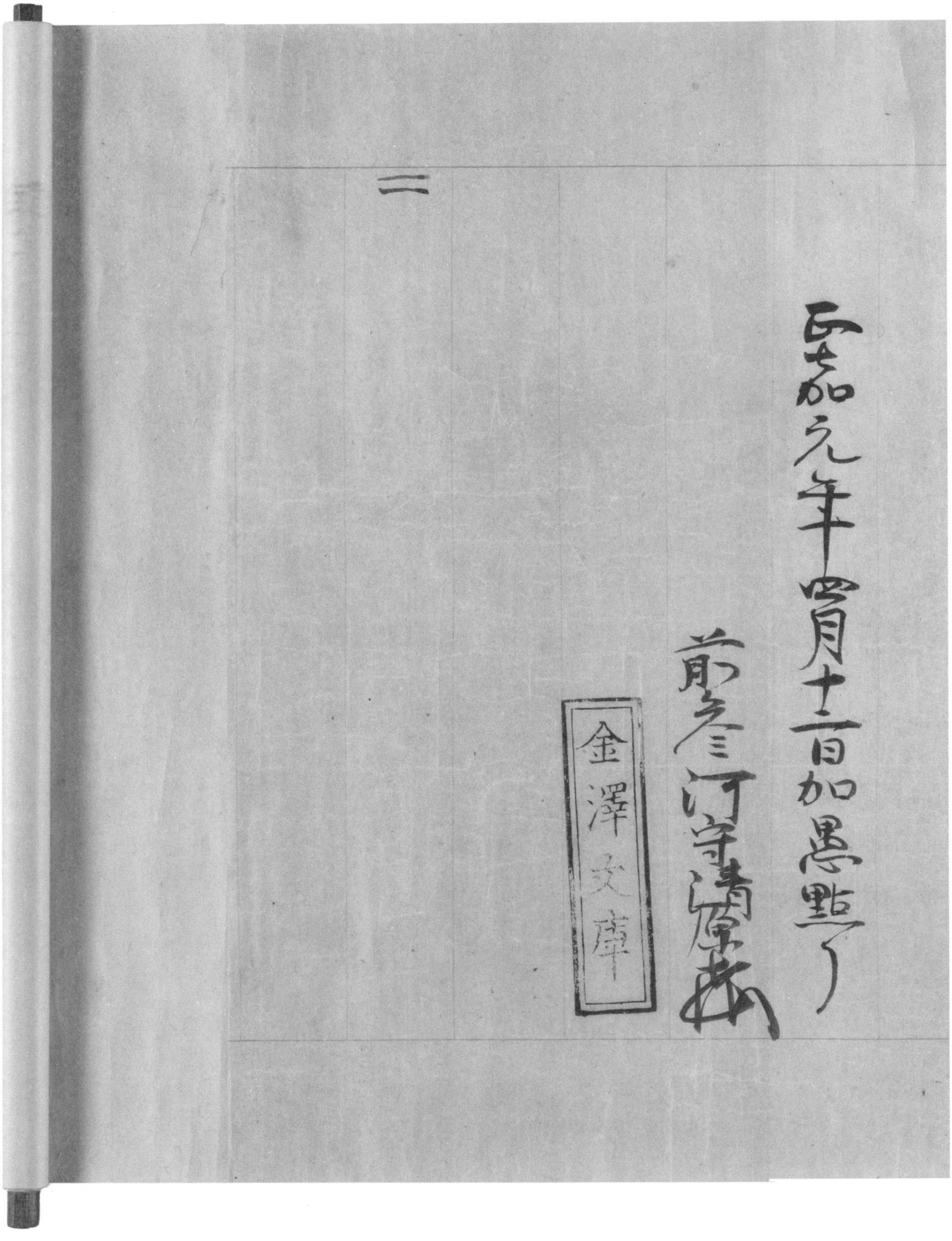
二
正嘉元年四月十二日加愚點了
前參河守清原（花押）

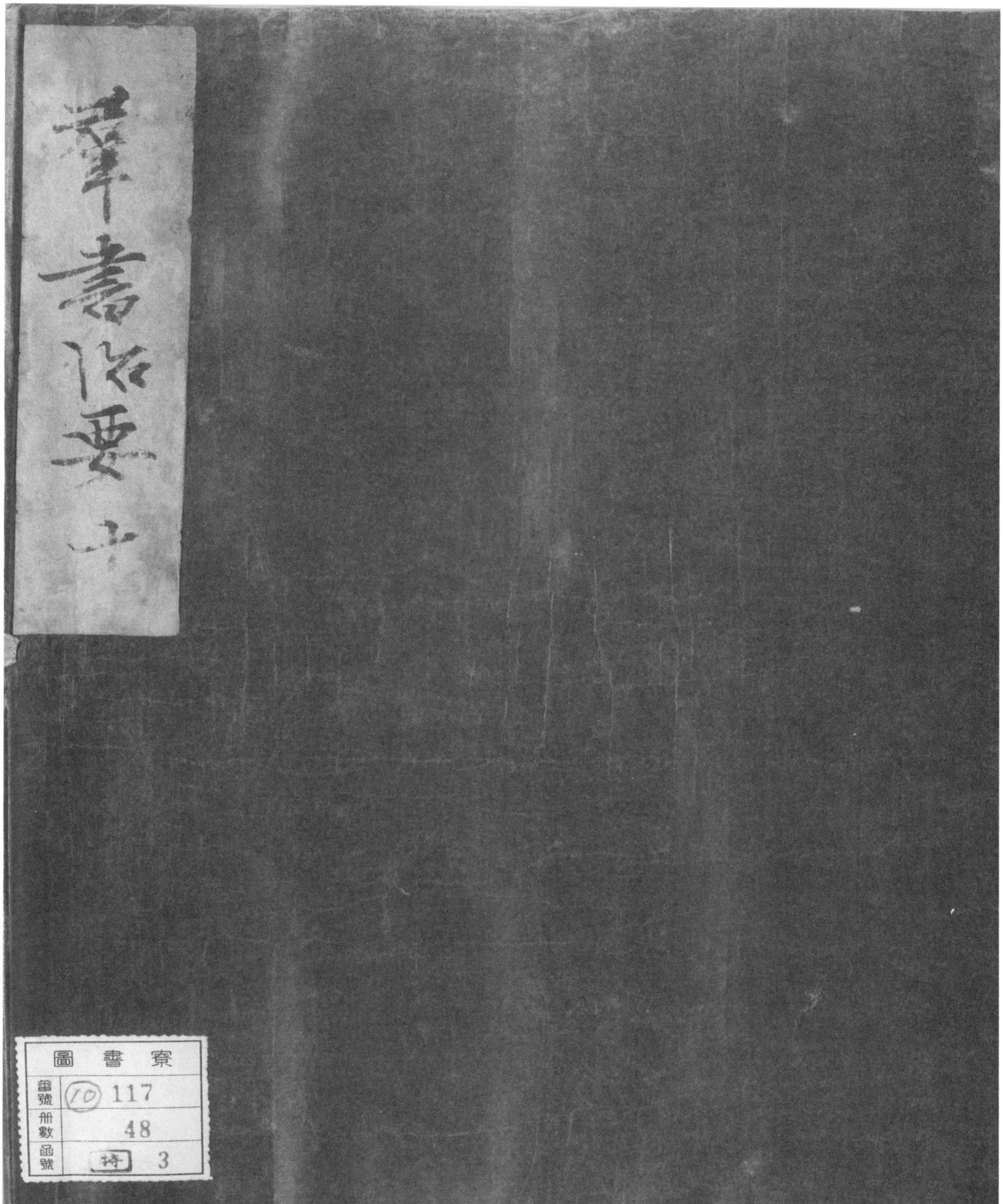
羣書治要
圖書寮
番號 10 117
冊數 48
函號 3

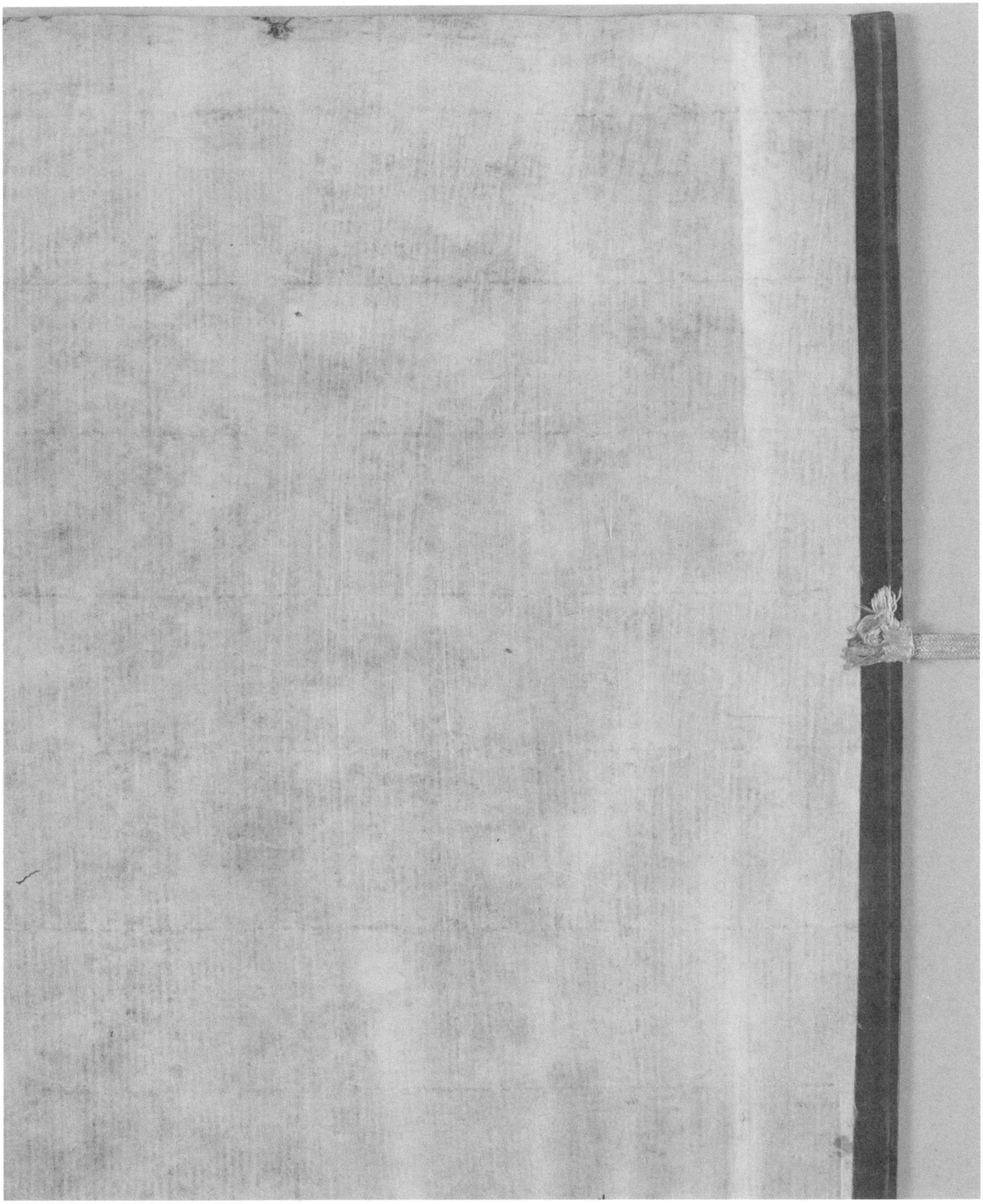

群書治要巻第十　秘書監鉅鹿男臣魏徴等奉勅撰

孔子家語

始誅

孔子爲魯大司寇朝政七日而誅亂法大
夫少正卯戮之于兩觀之下兩觀闕也屍
於朝三日子貢進曰夫少正卯魯之聞
人也今夫子爲政而始誅之或者其
失之乎孔子曰天下有大惡者五

兵之乎孔子曰天下有大惡者五
而盜竊不與焉一曰心逆而險二曰行
僻而堅三曰言僞而辯四曰記醜而博
醜謂非義五曰順非而澤此五者有一於人則
不免於君子之誅而少政卯皆兼有
之其居處足以撮徒成黨撮聚也其談
說足以飾褒熒衆其強禦足以反是
獨立此乃人之姦雄也不可以不除
孔子爲魯大司寇有父子訟者夫子

【第二紙】

孔子爲魯大司寇有父子訟者夫子
同狴執之狴犴牢也三月不別其父請止夫
子赦焉季孫聞之不悅曰司寇欺余
曩告余曰爲國家者必先以孝今戮
一不孝以教民孝不亦可乎而又赦之
何哉孔子喟然歎曰嗚呼上失其道而
殺其下非理也不教而聽其獄是殺不
辜也三軍大敗不可斬也獄犴不治不
可刑何也上教之不行罪不在民故也

可刑何也上教之不行罪不在民故也
夫慢令謹誅賊也徵斂無時暴也不
不誡責成虐也政無此三者然後刑可
即也既陳道意以先服之而猶不可則
尚賢以勸之又不可則廢不能以憚之若
是百姓正矣其有邪民不從化者然後
待之以刑則民咸知罪矣是以威厲而不
誡刑措而不用也今世不然亂其教煩其
刑使民迷惑而陷罪焉又從而制之故刑

【第三紙】

刑使民迷惑而陷罪焉又從而制之故刑
彌繁而衺不勝也世俗之陵遲久矣雖
有刑法民能勿踰乎
王言
孔子閑居謂曾子曰參汝可語明王之
道與居吾語汝夫道者所以明悳也悳
者所以尊道也是故非悳道不尊也非
道悳不明也雖有國之良馬不教服乘
不可以取道里雖有博地衆民不以道

【第三紙】

不可以取道里雖有博地衆民不以道
治之不可以致霸王是故昔者明王内脩
七教外行三至七教脩而可以守三至行
而可以征明王之守也則必折衝千里之
外其征也還師衽席之上故曰内脩七教
而上不勞外行三至而財不費此之謂明
王之道也曽子曰不勞不費之爲明可得
而聞乎孔子曰昔者帝舜左禹右皐陶
不下席而天下治夫如此何上之勞乎若

不下席而天下治夫如此何上之勞乎若
乃十一而稅用民之力歲不過三日入山
澤以其時而無征此則生財之路也而明
王節之何財之費乎曾子曰敢問何謂
七教孔子曰上敬老則下益孝上尊齒則
下益悌上樂施則下益亮上親賢則下
擇交上好意則下無隱上惡貪則下
恥爭上廣讓則下知節此之謂七教也
七教者治民之本也教定則本正矣凡

【第四紙】

七教者治民之本也教定則本正矣凡
上者民之表也表正則何物不正曾子曰
道則至矣弟子不足以則之孔子曰參汝
以爲姑亡此乎昔者明王之治民也有法必
裂地而封之分屬而理之然後賢民無所
隱暴民無所伏使有司月省而時考之進用
賢良退貶不肖然則賢良者悅而不肖
者懼哀鰥寡養孤獨恤貧窮誘孝悌
選才能此七者脩則四海之內無刑民矣

選才能此亡者僃則四海之内無刑民矣
上之親下也如腹心則下之親上也如幼
子之於慈毋矣上下相親如此故令則
從施則行民懐其意近者悦服遠者来
附政之致也田獵罼弋（罼奄納也　弋繳射也）非以盈宮
室也徵斂百姓非以充府庫也慘怛以補
足礼節以損有餘多信而寡貌其礼可守其言可
復其迹可履其於信也如四時其博有
萬民也如飢而食如渴而飲民之信之如

【第五紙】

萬民也如飢而食如渴而飲民之信之如
寒暑之必騐也故視遠若邇道邇也見
明惪也是故兵革不動而威用利不施
而親此之謂明王之守折衝乎千里之外
者也曾子曰敢問何謂三至孔子曰至禮
不讓而天下治至賞不費而天下之士悅
至樂無聲而天下之民和明王篤行三
至故天下之君可得而知也天下之士可得
而臣也天下之民可得而用也曾子曰敢

【第五紙】

而臣也天下之民可得而用也曾子曰敢問此義何謂也孔子曰古者明王必書知天下良士之名既知其名又知其實既知其實然後因天下之爵以尊之此之謂至礼不讓而天下治因天下之祿以富天下之士此之謂至貴不費而天下之士悅如此則天下之明譽興焉此謂至樂無聲而天下之民和故曰所謂天下之至仁者能合天下之至親者也所謂天下

仁者能合天下之至親者也所謂天下
之至智者能用天下之至和所謂天下
之至明者能舉天下之至賢此三者咸通
然後可以治是故仁者莫大於愛人智莫大
於知賢政者莫大於官能有立之君能脩
此三者則四海之内供命而已矣夫明王之
所治者道之所發者也是故誅其君而改其
政弔其民而不奪其財故曰明王之治也猶
時雨之降也至則悅矣是故行施彌博淳親

【第六紙】

時雨之降也至則悅矣是故行施弥博淳親
弥衆此之謂還師衽席之上（言安而無憂也）不過（已下八字本書无之）
乎物合天道也
大婚
孔子侍坐於哀公問曰敢問人道雜為大孔
子對曰夫人道政為大夫政也者正也君為政
則百姓從而正矣君之所為百姓之所從也君
之不為百姓何從公曰敢問為政如之何孔子
對曰夫婦別父子親居淫信三者正則庶物

對曰夫婦別父子親居淫信三者正則庶物
從之矣内以治宗廟之礼足以配天地之神
也出以治真直言之礼足以立上下之敬也夫婦
夫婦正則出可以治政言矣礼矣身正乃可以正人矣物恥則足以振之恥事
不足如礼則足以振救之也國恥則足以興之恥國不如礼則足以興起之
故爲政先乎礼〻其政之本與孔子遂言
曰昔三代明王之必敬妻子也蓋有道焉
妻也者親之主也子也者親之後也敢不敬
與是故君子無不敬也敬也者敬身爲大

與是故君子無不敬也敬也者敬身爲大身者親之支也敢不敬與不敬其身是傷其親傷其親是傷其本（也傷其本）則支從而亡三者百姓之象也（言百姓之所法而行）身以及身子以及子妃君脩此三者則大化愾（口代反又許気反）于天下（愾滿也）公曰敢問何謂敬身孔子對曰君子過言則民作辭過動則民作則言不過辭動不過則百姓敬恭以從命若是則可謂能敬其身能敬其身則能成其親矣公曰何謂成親孔子對曰君

【第七紙】

則能成其親矣公曰何謂成親孔子對曰君
子也者人之成名也百姓與之名謂之君子則
是成其親爲其子也已孔子遂言曰爲政而
不能愛人則不能成其身不能成其身則
不能安其土不能安其土則不能樂天不能樂天
道也不能樂天則不能成身公曰敢問何謂成
身孔子對曰夫其行已不過乎物謂之成身
不過乎物合天道也
問禮

問禮

哀公問於孔子曰大禮何如君子之言礼何其尊也孔子曰丘聞之民之所以生者礼爲大非礼則無以節事天地之神焉非礼則無以辯君臣上下長幼之位焉非礼則無以別男女父子兄弟姻親疏數之交焉是故君子此之爲尊敬然後以其所能教示百姓卑其宮室節其服御車不雕璣器不彫鏤食不二味心無淫志以與萬民同利古之明王之行礼也

【第八紙】

心無淫志以與万民同利古之明主之行礼也
如此公曰今之君子胡莫之行也孔子對曰
今之君子好利無厭淫意不倦荒怠慢遊
固民是盡遂其心以怨其正忤其衆以伐有
道求得當欲不以其所言苟求得當其情欲而已虐殺刑
誅不以其理夫昔之用民也由前用上所言今
之用民也由後用下所言也是即今之君子莫
能爲礼也
五儀

五儀

哀公問於孔子曰寡人欲論魯國之士與之

為治敢問如何取之孔子曰人有五儀有

庸人有士人有君子有賢有聖審此五者則

治道畢矣所謂庸人者心不存慎終之規

口不吐訓格之言 格法也 不擇賢以託其身不

力行以自定見小闇大而不知所務從物如

流而不知所執此則庸人也士人者心有所

定計有所守雖不能盡道術之本必有

定計有所守，雖不能盡道術之本，必有率也（率，循述也），雖不能徧百善之美，必有處也。是故智不務多，務審其所知；言不務多，務審其所謂（所謂，言之要也）；行不務多，務審其所由。智既知之，言既得之（得其要也），行既由之，則若性命肌膚之不可易也。富貴不足以益，貧賤不足以損，此則士人也。所謂君子者，忠信而心不怨（咎惡害也），仁義在身而色不伐（無伐善之色也），思慮通明而辭不專，篤行信道

【第九紙】

伐無伐善之色也思慮通明而辭不専篤行信道自彊不息油然若將可越而終不可及者此君子也油然不進之貌越過所謂賢者意不踰閑閑猶法也行中規繩言足法於天下而不傷於身言滿天下無口過也道足化於百姓而不傷於本本是謂身富則天下無菀財菀積也施則天下不病貧此賢者也所謂聖者意合天地變通無方窮万事之終始協庶品之自然敷其大道而遂成情性明並日月他行若

敷其大道而遂成情性明並日月他行若
神下民不知其悳覩者不識其隣此聖者
也隣以喩畔界也公曰善哉非子之賢則寡人不得
聞此言也雖然寡人生於深宮之中長於
婦人之手未嘗知哀未嘗知憂未嘗
知勞未嘗知懼未嘗知危恐不足以行五
儀之教若何孔子曰君入朝而右登自阼
階仰視榱桷俯察机筵其器皆存而不覩
其人君以此思哀則哀可知矣昧爽風興

【第十紙】

其人君以此思哀則哀可知矣昧爽夙興
正其衣冠（爽明也昧明始明也夙早也興起也）平旦視朝慮其危
難一物失理亂亡之端君以此思憂則憂可知
矣日出聽政至乎中昃（中日中也昃日映也）諸侯子孫
往來爲賓行禮揖讓慎其威儀君以此思
勞則勞可知矣緬然長思出乎四門周章
遠望覩亡國之墟必將有數焉（言亡國故墟非但一世）
君以此思懼則懼可知矣夫君者舟也民者
水也水所以載舟亦所以覆舟君以此思危則危可知矣

啍徒孫反又他昆反

水所以載舟也所以覆舟君以此思危則危可知矣
既明此五者而又少留意於五儀之事則於
政治乎何有哀公問於孔子曰請問取
人之法孔子對曰事任之官 言各當以其所能之事任之於官也
無取健無取錯 錯妄對不謹誠 無取啍 啍啍閙多言也 健貪
也 健而不良所以爲貪 錯亂也啍誕也 誕欺詐也 故弓
調而後求勁焉馬服而後求良焉去必
愨信而後求智能焉不愨而多能譬之
豺狼不可迩也 迩近也言人無智能者雖性信不愨信不能爲大惡也不愨

【第十一紙】

犲狼不可迩也迩近也言人無智能者雖性信不愨信不能為大惡也不愨
信而有智能者然後乃可畏也
哀公問於孔子曰夫国家之存亡禍福信
有天命非唯人耶孔子對曰存亡禍福皆在
己而已天災地妖弗能加也昔者殷王帝
辛之世帝辛紂也有雀生大鳥於城隅焉帝
辛分雀之德分助也以雀之德為助也不脩国政殷国以
亡此即以己逆天時得福反為禍者也具文
先世殷太戊之時道缺法邪以致夭蘖桑

【第十一紙】

先世殷大戊之時道欽法邪以致天蘖桑
穀生朝七日大拱大戊懼駭側身脩行三年
之後遠方慕義重譯至者十有六國此
所謂天時得禍轉爲福也故天之妖所
以儆人主也寤夢儆惟所以儆人也邑
也妖不勝善政夢惟不勝善行能知至
治之極者達此者也
致恩
季羔爲衛士師刖人之足俄而衛有乱

季羔爲衛士師刖人之足俄而衛有乱
季羔逃之者刖守門焉謂季羔曰彼有缺
季羔曰君子不踰又曰彼有竇季羔曰君
子不隧又曰於此有室季羔入焉既而
追者罷季羔將去謂刖者曰吾不能虧主
之法而親刖子之足今吾在難此正子報怨
之時而子逃我何故刖者曰斷足是我之罪
也無可奈何曩者君治臣以法令先人後臣欲
臣之免也臣知之獄決罪定臨當論刑君愀

【第十二紙】

臣之罪也臣知之欲次罪定臨當論刑君愀
然不樂見於顔色臣又知之君豈私臣哉天
生君子其道故然此臣之所以悅君也孔子
聞之曰善哉爲吏其用法一也思仁恕則
樹德加嚴暴則樹怨公以行其子羔乎
子路爲蒲宰爲水備溝瀆以民之煩苦也
人與一簞食一壺漿孔子止之子路曰由也以
民多遺餓者遺乏也是以與之簞食壺漿而
夫子使止之是夫子止由之行仁也孔子曰

夫子使止之是夫子止由之行也仁孔子曰尓以為民餓何不白於君發倉廩以給之而私以尓食饋之是汝明君之無恵也速已則尓之見罪必矣子貢問治民於孔子孔子曰凛焉如以腐索御扞馬凛焉誠懼之貌 扞突之馬也子貢曰何其畏也孔子曰夫通達之國皆人也以道導之則吾畜也不以道導之則吾讎也若之何其無畏也

三恕

【第十三紙】

三恕

孔子曰君子有三恕有君不能事有臣而求其使非恕也有親弗能孝有子而求其報非恕也有兄弗能敬有弟而求其順非恕也上能明於三恕之本則可謂端身矣端正也

孔子觀於魯桓公之廟有欹器焉孔子問於守廟者曰此為何器對曰此蓋為宥坐之器孔子曰吾聞宥坐之器虛則欹中則

【第十三紙】

之器孔子曰吾聞宥坐之器虛則敧中則
正滿則覆明君以爲誠故置於坐側也顧
謂弟子曰試注水焉水實之中則正滿則
覆夫子喟然歎曰嗚呼夫物惡有滿而
不覆者哉子路進曰敢問持滿有道乎
子曰聰明叡智守之以愚功被天下守之
以讓勇力振世守之以怯富有四海守之以
謙此所謂損之又損之道也
好生

好生

哀公問於孔子曰昔舜何冠乎孔子不對

公曰寡人問於子而子無言何也孔子曰以

君之問不先其大者故方思所以為對焉

公曰其大何乎孔子曰舜之為君也其政

好生而惡殺其任授賢而替不肖德若天

地之虛靜化若四時之變物是以四海承

風暢於異類（異類四方之夷狄也）鳳翔麟至鳥獸馴

意（馴順也）無他好生故也君舍此道而冠是

【第十四紙】

意德也馴順無他好生故也君舍此道而冠冕是
問是以緩對
觀周
孔子觀於明堂覩四方之墉有堯舜桀紂
之象而各有善惡之狀興廢之誡焉又
有周公相成王抱之而負斧扆南面以朝諸
侯之圖焉孔子徘徊而望之謂從者曰此則
周之所盛也夫明鏡者所以察形往古者所
以知今人主不務襲跡於其所以安存而忽

以知今人主不務襲迹於其所以安存而忽
怠於所以危亡是猶未有以異於卻步而欲
求及前人也豈非惑哉
孔子觀周遂入太祖后稷之廟廟堂右階
之前有金人焉參緘其口而銘其背曰右
之慎言人也戒之哉無多言多言多敗無多
事多事多患 安樂必誡（雖處安樂必警誡也）無行所悔
所悔之事不可復行 勿謂何傷其禍將長 勿謂何害
其禍將大 勿謂不聞神將伺人 焰焰不滅

【第十五紙】

其禍將大勿謂不聞神將伺人焰焰不滅
炎炎若何涓涓不壅終為江河綿綿
不絶或成網羅綿綿微而不絶則有成網羅者豪末不
札如豪之末言微也札拔也將尋斧柯尋用誠能之福
之根也曰是何傷禍之門也彊梁者不得
其死好勝者必遇其敵盜憎主人民怨
其上君子知天下之不可蓋也故下之衆
人之不可先也故後之温恭慎悳使人慕
之執雌持下人莫踰之人皆趣彼我獨

【第十五紙】

之執雖持下人莫諭之人皆趣彼我獨
守此人皆惑惑獨不徙惑或東西轉移之貌之内藏我智
不亦人被我雖尊高人弗我害唯能於
此天道無親常與善人戒之哉戒之哉孔
子既讀斯文顧謂弟子曰小子志之此言
實而中情而信

賢君

哀公問於孔子曰當今之君孰者爲賢孔
子對曰丘未之見也抑有衛靈公乎公曰吾

子對曰丘未之見也抑有衛靈公乎公曰吾
聞其閨門之内無別而子次之賢何也孔子
對曰臣語其朝廷行事不論其私家之際
也公曰其事如何孔子曰靈公之弟曰公子渠
牟其智足以治千乘其信足以守之靈公
愛而任之又有士曰王林國者見賢必進
之而退與分其祿是以衛國無游放之士
靈公知而尊之又有士曰慶足者國有大
事則必起而治之國無事則退而容賢言其

【第十六紙】

事則必起而治之國無事則退而容賢言其
所以退欲以容賢於朝靈公愧而敬之又有大夫史鰌以
道去衛而靈公郊舍三日琴瑟不御必待
史鰌之入而後敢入臣以此取之雖次之賢
不亦可乎子貢問孔子曰今之人臣孰為
賢乎子曰齊有鮑叔鄭有子皮則賢者矣
子貢曰齊無管仲鄭無子産乎子曰賜
汝徒知其一未知其二也汝聞用力為賢
乎進賢為賢乎子貢曰進賢賢哉子曰

乎進賢爲賢乎子貢曰進賢賢哉子曰
然吾聞鮑叔達管仲子皮達子產未聞二
子之達賢己之才也哀公問於孔子曰寡人
聞忘之甚者徙而忘其妻有諸孔子對曰
此猶未甚者甚者乃忘其身公曰可得聞
乎孔子曰昔夏桀貴爲天子富有四海忘
其聖祖之道壞其典法廢其世祀荒于淫
樂沈湎于酒佞臣諂諛窺導其心忠士鉗
口逃罪不言天下誅桀而有國此之謂忘

【第十七紙】

口逃罪不言（鉗口結舌）天下誅桀而有國此之謂忘
其身之甚者也子路問於孔子曰賢君治國
所先者何在孔子曰在於尊賢而賤不肖子
路曰由聞晉中行氏尊賢而賤不肖矣其
亡何也子曰中行氏尊賢而弗能用賤不
肖而不能去賢者知其不己用而怨之不
肖者知其必己賤而讎之怨讎並存於國
鄰敵構兵於郊中行氏雖欲無亡豈可得
乎哀公問政於孔子對曰政之急者莫大

【第十七紙】

乎哀公問政於孔子對曰政之急者莫大乎使民富且壽也公曰為之奈何孔子曰省力役薄賦斂則民富矣敦禮教遠罪戾則民壽矣公曰寡人欲行夫子之言恐吾國貧矣孔子曰詩不云乎愷悌君子民之父母未有子富而父母貧者也

衛靈公問孔子曰有語寡人為國家者謹之於廣堂之上則政治矣何如孔子曰其可也愛人者則人愛之惡人者則民惡之知得

愛人者則人愛之惡人者則民惡之知得
之己者則知得之人所謂不出環堵之室而
知天下者知及之己謂也

辯政

子貢爲信陽宰將行孔子曰勤之慎之奉
天之時無奪無伐無暴無盜子貢曰賜也
少而事君子豈以盜爲累哉孔子曰而未之
詳也夫以賢代賢是之謂奪以不肖代賢
是之謂伐緩令急誅是之謂暴取善自

是之謂代緩令急誅是之謂暴取善自
與是之謂盜盜非竊財之謂也吾聞之知
爲吏者奉法以利民不知爲吏者枉法以
侵民此怨所由生也匿人之善斯謂蔽賢
揚人之惡斯謂小人內不相訓而外相謗非
親睦也言人之善若己有之言人之惡若己
受之故君子無所不慎焉

六本

孔子曰行己有六本焉然後爲君子立身

孔子曰行己有六本焉然後爲君子立身
有義矣而孝爲本喪紀有礼矣而哀爲
本戰陣有列矣而勇爲本治政有理焉
農爲本居國有道矣而嗣爲本經嗣不立則乱之源也
生財有時矣而力爲本置本不固無務
豐末親戚不悅無務外交事不終始無
務多業反本脩迩君子之道也孔子曰藥
酒苦於口而利於病忠言逆於耳而利於
行湯武以諤諤而昌桀紂以唯唯而亡君

【第十九紙】

行湯武以諤諤而昌桀紂以唯唯而亡君無爭臣父無爭子兄無爭弟士無爭友其不過者未之有也故曰君失之臣得之父失之子得之兄失之弟得之士失之友得之是以國無危亡之兆家無悖乱父子兄弟無失而交友無絶

孔子讀易至於損益喟然而歎曰子夏避席問曰夫子何歎焉孔子曰夫自損者必有益之自益者必有決之吾是以歎也子夏

益之自益者必有決之吾是以歎也子夏
曰然則學者不可以益乎子曰非道益之
謂也道彌益而身彌損夫學者損其自多
以虛受之天道成而必變凡持滿而能久者
未嘗有也故曰自賢者則天下之善言不
得聞其耳矣孔子曰以富貴而下人何人不
與以富貴而愛人何人不親發言不逆可
謂知言矣孔子曰吾死之後則商也日益
賜也日損曾子問曰何謂也子曰商也好與

其父不知其人視其友不知其君視

賜也曰損曾子問曰何謂也子曰商也好與
賢己者賜也好恱不如己者不知其子視
其所使故曰與善人居如入蘭芷之室久而
不聞其香則與之化矣與不善人居如入
鮑魚之肆久而不聞其臭亦与之化矣是以
君子必慎其所與者焉
哀公問政
哀公問政於孔子孔子對曰文武之政布在
方策其人存則其政舉其人亡則其政息

【第二十紙】

方策其人存則其政舉其人亡則其政息
故為政在於得人聚人以身脩身以道脩道
以仁仁者人也親親為大義者宜也尊賢
為大親親之殺尊賢之等禮所生也是以君
子不可以不脩身思脩身不可以不事親
思事親不可以不知人思知人不可以不知天　天
下之達道五其所以行之者三曰君臣也父
子也夫婦也昆弟也朋友之交也五者天下
之達道也知仁勇三者天下之達悳也所以

之達道也知仁勇三者天下之達德也所以
行之者一也或生而知之或學而知之或
困而知之及知之一也或安而行之或利而
行之或勉强而行之及其成功一也好學近
於智力行近於仁知恥近於勇知斯三者
則知所以脩身知所以脩身則知所以治人
知所以治人則能成天下國家矣公曰政其
盡此而已乎孔子曰凡爲天下國家者有
九經焉曰脩身也尊賢也親親也敬大臣

【第二十一紙】

九經焉曰脩身也尊賢也親親也敬大臣
也體群臣也子庶人也來百工也柔遠人
也懷諸侯也脩身則道立尊賢則不惑親
親則諸父昆弟不怨敬大臣則不眩體群
臣則士之報禮重子庶民則百姓勸來
百工則財用足柔遠人則四方歸之懷
諸侯則天下畏之公曰爲之奈何孔子
曰齊莊盛服非禮不動所以脩身也去讒
遠色賤貨而貴德所以尊賢也爵其能重

遠色賤貨而貴悳所以尊賢也爵其能重
其祿同其好惡所以篤親親也官盛任使
所以敬大臣也（盛其官任而使之也）忠信重祿所以勸
士也（忠信者與之重祿也）時使薄斂所以子百姓也日
省月考既稟稱事所以來百工也（既稟食之各也）
（當其職事也）送往迎來嘉善而矜不能所以綏
遠人也（綏安也）繼絶世舉廢邦朝聘以時厚
往而薄來所以懐諸侯也治天下國家有
九經爲其所以行之者一也凡事豫則立不

九經爲具所以行之者一也凡事豫則立不
豫則廢言前定則不跲事前定則不
困行前定則不疚道前定則不窮公
曰子之教寡人備矣敢問行之所始孔子曰
立愛自親始教民睦也立敬自長始教民
順也教以慈睦而民貴有親教以敬長而民
貴用命民既孝於親又順以聽命措諸天
下無所不行
顏回

顔回

魯定公問於顔回曰子亦聞東治畢之善
御乎對曰善則善矣雖然其馬將必逸公不
悦其後三日東治畢之馬逸公聞之從駕召
顔回顔回至公曰前日寡人問吾子以東治畢
之御而子曰其馬將逸不識吾子奚以知之
顔回對曰以政知之而已矣昔者帝舜巧於
使民而造父巧於使馬舜不窮其民造父
不窮其馬是以舜〔無逸民造父〕無逸馬今東治畢之御

不窮其馬是以舜無逸馬今東治畢之御
也歷險致遠馬力盡矣然而其心猶求馬不
已臣以此知之公曰善哉吾子之言其義大
矣願少進乎回曰回聞之鳥窮則啄獸窮則
攫人窮則詐馬窮則逸自古及今未有窮
其下而能無危者也公悅

困誓

衛蘧伯玉賢而靈公不用彌子瑕不肖而
任之史魚驟諫公不從史魚病將卒命

【第二十三紙】

及任之史魚驟諫公不從史魚病將卒命
其子曰吾在公朝不能進蘧伯玉退彌子
瑕是吾爲臣不能正君也生而不能正君
死不可以成禮吾死汝置屍牖下於我
畢矣（畢備足也礼殯於客位）其子從之靈公弔焉怪
而問之其子以其父言告公公愕然失容
曰是寡人之過也於是命之殯於客位
進蘧伯玉而用之退彌子瑕而遠之孔
子聞之曰古之列諫者死則已矣未有若史

子聞之曰古之列諫者死則已矣未有若史魚死而屍諫忠感其君可不謂直乎

執轡

閔子騫爲費宰問政於孔子孔子曰以德以法夫德法者御民之具猶御馬之有銜勒也君者人也吏者轡也刑者策也人君之政執其轡策而已矣子騫曰敢問古之爲政孔子曰古者天子以内史爲左右手以德法爲銜勒以百官爲轡以刑罰爲策以萬

法為銜勒以百官為轡以刑罰為策以萬
民為馬故御天下數百官而失善御馬者
正銜勒齊轡策均馬力和馬心故口無聲
而馬應轡策不舉而極千里　善御
民者一其德法正其百官均齊民力和安
民心故令不再而民順從刑不用而天下化
治是以天地德之（天地以為有德）而兆民懷之（懷歸）
不能御民者棄其德法專用刑辟譬猶
御馬棄其銜勒而專用箠策其不可制

【第二十四紙】

御馬弃其銜勒而專用箠策其不可制
也必矣夫無銜勒而用箠策馬必傷車必
敗無德法而用刑民必流國必亡治國
而無德法則民無所法循無所法循則迷
惑矣古之御天下者以六官摠治焉六官
在手以爲轡故曰御四馬者執六轡御天
下者正六官是故善御馬者正身以摠轡
鈞馬力齊馬心迴旋曲折唯其所之故可
以取長道可以赴急疾此聖人所以御天地

以取長道可以赴急疾此聖人所以御天地
與人事之則也天子以内史為左右手以
六官為轡已而與三公執六官均五教齊
五法仁義礼智信之法也故亾唯其所引無不如志
五刑
冉有問於孔子曰先王制法使刑不上於大
夫礼不下於庶人然則大夫之犯罪不可以
加以刑庶人之行事不可治以礼乎孔子曰
不然凡治君子以礼義御其心所以厲之

【第二十五紙】

不然凡治君子以禮義脩其心所以厲之
以廉恥之節也故古之大夫其有坐不廉
汙穢而退放之者則曰簠簋不飾有
坐淫亂男女無別者則曰帷薄不脩有坐罔
上不忠者則曰臣節未著有坐罷軟不勝
任者則曰下官不職言其下官不務其職不脩其身也有
坐干國之紀者則曰行事不請言不請而擅行也此
五者大夫既自定有罪名矣而猶不斥斥
然正以呼之也就而為之諱所謂愧恥之

【第二十五紙】

然正以乎之也就而焉之諱所謂愧恥之
焉是故大夫之罪其在五刑之域者發則
白冠氂纓槃水加劍造于闕而自請罪君
使有司執縛牽掣而加之也其有大罪者
聞命則北面再拜跪而自裁君不使人捽
引而刑殺之也曰子大夫自取之耳吾遇
子有礼矣是以刑不上大夫大夫不失其罪
教然也凡所謂礼不下庶人者以庶人遽其
事而不能充礼故不責之以備礼也

事而不能充礼故不責之以備礼也

政刑

仲弓問孔子曰雍聞至刑無所用政至政
無所用刑至刑無所用政桀紂之世是也至
政無所用刑成康之世是也信乎孔子曰
聖人之治化也必刑政相参焉太上以德教
民而以礼齊之其次以政導民以刑禁之
化之弗變導之弗從傷義敗俗於是乎
用刑矣仲弓曰古之聽訟可得聞乎孔子

【第二十六紙】

用刑矣仲弓曰古之聽訟可得聞乎孔子曰凡聽五刑之訟必原父子之親立君臣之義以權之意論輕重之序慎測淺深之量以別之悉其聽明致其忠愛以盡之大司寇正刑辟以察獄獄必三訊焉（一曰訊群臣二曰訊吏三曰訊萬民也）有指無簡則不聽（簡誠也有其意無其誠者不論以為罪）附從輕赦從重（附人之罪以輕為比赦人之罪以重為比）疑獄則汎與衆共之衆疑赦之故爵人必於朝與衆共之之義也刑人必於市與衆棄之之義也

之之義也利人必於市與衆弃之之義也
古者公家不畜刑人大夫不養也士遇之塗弗
弗與之言也屏諸四方唯其所弗及以故弗
欲生之故也仲弓曰聽獄之成成何官孔子
曰獄訟於吏吏以獄之成告於正吏獄吏也正獄官
長正既聽之乃告於大司寇大司寇聽之乃
奉於王王命三公卿士參聽棘木之下外朝之法
左九棘孤卿大夫位焉右九棘公侯伯子男位焉面三槐三公位焉然後乃以獄之
成報于王以王宥之法聽之君王尚寬罪雖已定猶三宥之不

成報于王以王宥之法聽之 君王向寛罪雖已定猶三宥之不

可得輕然後刑之也 而後制刑焉所以重之也仲弓曰

古之禁何禁孔子曰析言破律 巧讀法令者也

乱名改作 変易官与物名 執左道以乱政者殺 左道

邪道 作淫聲 淫過惑乱之聲 造異服 非人所常見 設焉技 奇技

怪奇器以盪上心者殺 怪異之技可以服眩曜人之器盪動也

行僞四堅 行詐僞而堅守 言僞而辯學非而博順

非而澤 順其非而滑澤之 以惑衆者殺假於鬼神

時日卜筮以疑民者殺四誅者不待時不赦

【第二十七紙】

時日卜筮以殺民者殺四誅者不待時不以
聽 不聽於棘木之下也
問王
子張問聖人之所以教孔子曰師乎吾語
汝聖人明於礼樂舉而措之而已子張又
問孔子曰師尓以為必布几筵揖讓升降
酌獻酬酢然後謂之礼乎尓以為必行綴
兆執羽籥作鐘鼓然後謂之樂乎言而可
履礼也行而可樂樂也聖人力此二者以恭

履礼也行而可樂樂也聖人力此二者以恭己南面是故天下太平万国順服百官承事上下有礼也夫禮之所興衆之所以治也礼之所廢衆之所以乱也昔者明王聖主之辯貴賤長幼正男女外内序親疏遠而莫敢相踰越者皆由此塗出也

屈節

宓子賤爲單父宰恐魯君聽讒人使己不得行其政於其辭行也故請君之近吏二人與

【第二十八紙】

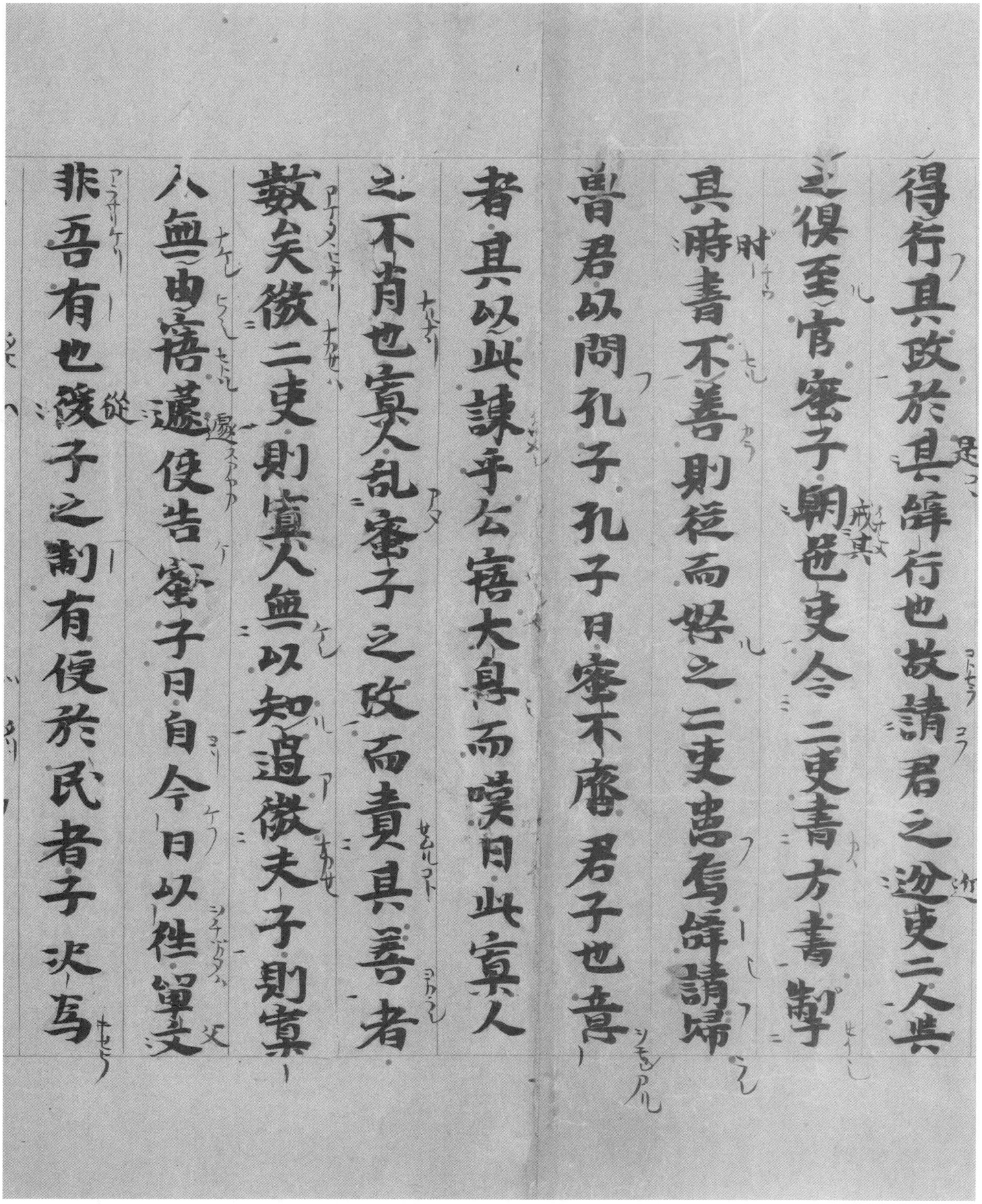
得行其政於其辭行也故請君之近吏二人與
之俱至官宓子朝邑吏令二吏書方書掣
其肘書不善則從而怒之二吏患焉辭請歸
魯君以問孔子孔子曰宓不齊君子也意
者其以此諫乎公寤太息而歎曰此寡人
之不肖也寡人亂宓子之政而責其善者
數矣微二吏則寡人無以知過微夫子則寡
人無由寤遽使告宓子曰自今日以往單父
非吾有也從子之制有便於民者子決焉

非吾有也後子之制有便於民者子決焉
之五年一言具要宓子遂得行政於單父
焉躬敦厚明親親尚篤敬施至仁加懇
誠致忠信百姓化之

正論

定公問於孔子曰大夫皆勸寡人使隆敬
於高年可乎孔子對曰君之及此言也將
天下實賴豈惟魯而已哉公曰何也孔子曰
昔者有虞氏貴德而上齒夏后氏貴爵

【第二十九紙】

昔者有虞氏貴悳而上齒夏后氏貴爵而上齒殷人貴富而上齒（富謂世祿之家）周人貴親而上齒虞夏殷周天下之盛王也未有遺年者年之貴于天下久矣次于事親是故朝廷同爵則上齒七十杖於朝君問則席（君欲問之則爲之設席）八十不俟朝君問則就之而悌達於朝廷矣具行也肩而不竝（不敢与長者竝）肩也不錯則隨（錯鴈行也父黨隨行兄黨鴈行）見老者則車徒避（見老者在道車与歩皆避之也）班白者不以具任行於路（任擔）

【第二十九紙】

避（見老者在道車與步者避之也）班白者不以其任行於路（任檐也）
（世少者代之也）而悌達於道路矣居鄉以齒而老窮
不匱強不犯弱衆不暴寡而悌達於洲
巷矣古之道五十不爲甸役（五十始老不從力役之事不及）
（田獵之得也）頒禽隆諸長者悌達乎軍旅矣夫聖
王之教孝悌發諸朝廷行乎道路至乎州
巷放乎搜狩循乎軍旅則衆同以義死之
而弗敢犯也公曰善哀公問於孔子曰寡人
聞之東益不祥信有之乎孔子曰（東益東益宅也）

聞之東益不祥（東益宅也）信有之乎孔子曰
不祥有五而東益不與焉夫損人而自益
身之不祥也棄老而取幼家之不祥也擇賢
而用不肖國之不祥也老者不教幼者不
學俗之不祥也聖人伏匿愚者擅權天下
不祥也故不祥有五而東益不與焉
子夏問
子夏問於孔子曰記云周公相成王教之以世
子之禮有諸孔子曰昔者成王嗣立幼未踐

【第三十紙】

子之礼有諸孔子曰昔者成王嗣立幼未髮
祚周公攝政而治抗世子之法放伯禽欲成
王之知父子君臣之道所以善成王也夫知
為人子者然後可以為人父知為人臣者然後
可以為人君知事人者然後可以使人是故抗世
子法於伯禽使之與成王居使成王知父子
君臣長幼之義焉

群書治要巻第十

群書治要卷第十

建長七年十二月十二日依洒掃少尹
尊閤教命誥老眼加點了
前參河守清原（花押）

二

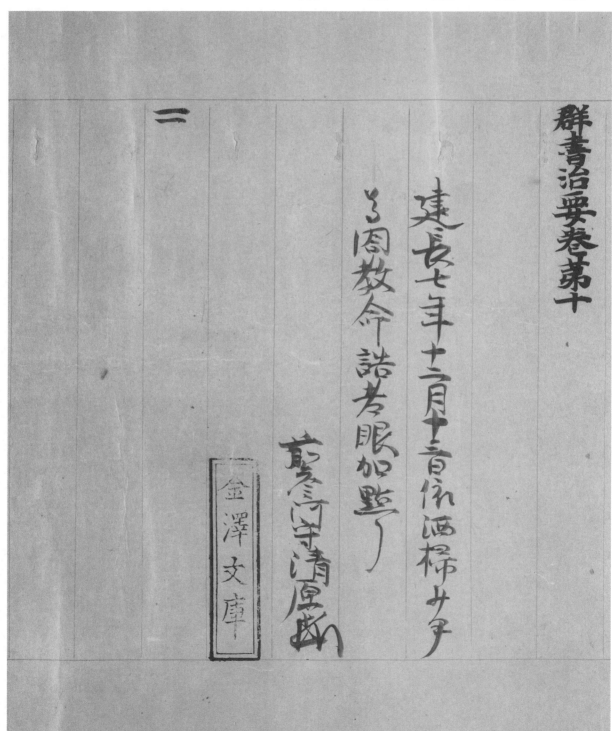

二

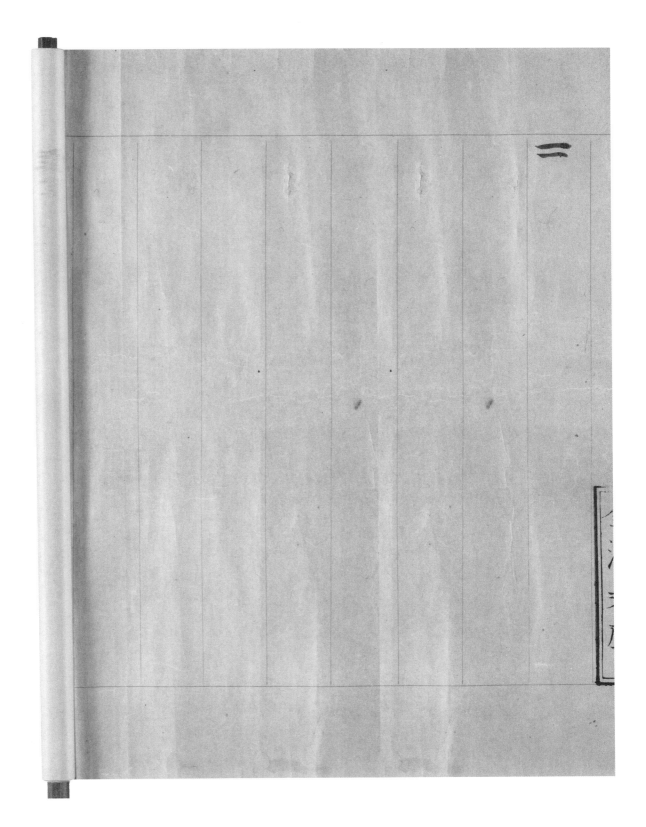